Klaus Heß

Das vergangene Jahrtausend – Streiflichter aus der Geschichte der Stadt Brandenburg

Zeittafel der Geschichte von Brandenburg (Havel)

zusammengestellt von:

Walter Kunkel †
Karl-Heinz Röhring †

Marcus Alert
Gudrun Bauer
Wolfgang Kusior

Bearbeitung und Redaktion: Wolfgang Kusior

Herausgegeben vom Arbeitskreis Stadtgeschichte im Brandenburgischen Kulturbund e. V.
gefördert von der Robert Bosch Stiftung.

Verlag B. Neddermeyer

Titelbilder

1 Stadtsiegel, an Urkunden aus dem 14. u. 15. Jahrhundert, *Stadtarchiv Brandenburg*

2 Münze mit Pribislaw-Heinrich, Nicht nur Sand und Scherben, *Brandenburgisches Landesmuseum für Ur- und Frühgeschichte, Potsdam 1994*

3 Albrecht der Bär, Brakteat aus Brandenburg/H. um 1150, *Bahrfeldt Nr. 14c*

4 Siegel der Neustadt, 14. Jhdt., *Stadtarchiv Brandenburg*

5 Siegel der Brandenburger Schöppen, *Stadtarchiv Brandenburg*

6 Siegel des Domstiftes 14. Jahrhundert, *Domarchiv Brandenburg*

7 Siegel der Tuchknappen der Neustadt, *Stadtarchiv Brandenburg*

8 Stadtwappen von 1715, *1.-2. Jahresbericht des Historischen Vereins Brandenburg (Havel) 1994*

Die Siegel 1, 4 bis 8 wurden dem Werk *Kunstdenkmäler der Provinz Brandenburg, Bd. 2, Teil 3, von P. Eichholz, Berlin 1912,* entnommen.

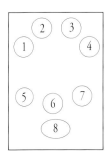

Foto auf der Rückseite:
Blick auf die Dominsel in Brandenburg an der Havel. Luftbild: Wernitz

Vorsatz oben:
Brandenburg, die Hauptstadt der Chur- und Marck Brandenburg um 1700, Jean-Baptist Broebes, Radierung, Stadtmuseum Brandenburg
Vorsatz unten:
Panorama von Brandenburg (Havel) um 1809, aus: Brandenburger Anzeiger, Sonderausgabe 1909, Archiv Arbeitskreis Stadtgeschichte e. V.

Nachsatz:
Rundgang durch Brandenburg (Havel), entworfen vom Stadtbauamt zur Jahrtausendfeier 1929, Ausgabe 1934 , Slg. Kusior

Impressum

VBN – Verlag Bernd Neddermeyer GmbH, Zeppelinstraße 68, 13583 Berlin
Tel.: 030/372 73 60 - Fax 030/378 873 23
e-mail: vbn@eisenbahn-verlag.de, Internet: www.eisenbahn-verlag.de

ISBN 3-933254-40-X

Layout: Bernd Neddermeyer
Druck: Meiling Druck, Haldensleben

Inhaltsverzeichnis

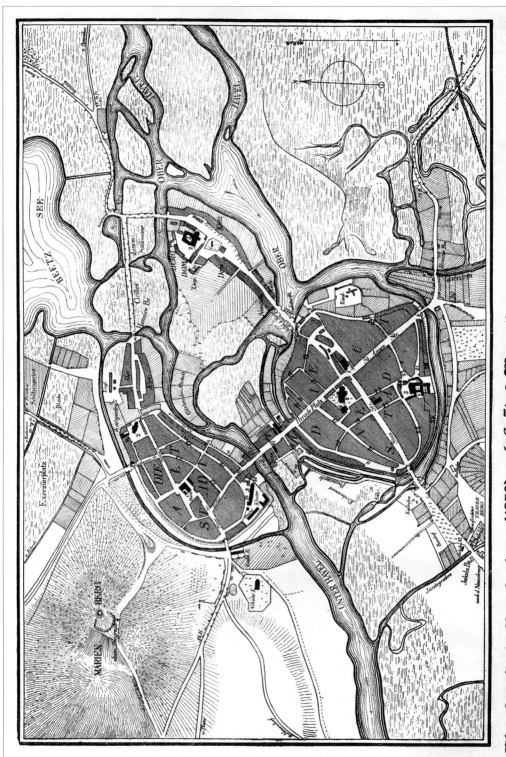

Plan der Stadt Brandenburg (1850) nach Heffters Wegweiser. (Aus „Kunstbenkmäler der Provinz Brandenburg".)

Grußwort

Mit der vorliegenden Publikation gelingt es dem Arbeitskreis Stadtgeschichte im Brandenburgischen Kulturbund e. V., eine weitere Lücke in der Geschichtsaufarbeitung unserer über tausendjährigen Heimatstadt zu schließen: eine komplette und bis in das Jahr 2000 reichende Stadtchronik.

Der Überblick über die zehn Jahrhunderte aus der Feder des langjährigen Stadtarchivars Dr. Klaus Heß – der Datenchronik vorangestellt – vermag vielen Interessenten einen schnellen Einblick in die wesentlichen Vorgänge vergangener Geschichtsperioden zu gewähren, darüber hinaus aber auch solchen Lesern, die sich nur selten mit Geschichte auseinandersetzen, einen Zugang zu dieser Materie zu erleichtern.

Die chronikalische Zeittafel – die bisher umfangreichste und vollständigste – ist das Ergebnis einer außerordentlich engagierten und fleißigen Sammeltätigkeit mehrerer Autoren, denen dafür sehr zu danken ist.

Zu danken ist für die Realisierung dieser Publikation zunächst jedoch der Robert Bosch Stiftung, durch deren Förderung im Rahmen ihres Projektes "Orte deutscher Geschichte in den neuen Bundesländern" das Vorhaben erst möglich wurde, aber auch dem Verleger Bernd Neddermeyer für sein wertvolles Engagement. Neben den Autoren ist der Leiter des Arbeitskreises Stadtgeschichte, Herr Wolfgang Kusior für die Projektleitung und unser Stadtmuseum mit dem Direktor, Herrn Dr. Hans-Georg Kohnke, für die wirksame Unterstützung in diesen Dank einzuschließen.

Diese Publikation sollte ein Nachschlagewerk für die Brandenburger Bürger, aber auch für die Besucher dieser Stadt werden, das man immer wieder gerne in die Hand nimmt, um sich über die vielfältigen Ereignisse unserer langen Stadtgeschichte zu informieren; auch den Brandenburger Schulen, ihren Lehrern und Schülern, sei diese Lektüre empfohlen.

Norbert Langerwisch
Bürgermeister

Vorwort

Seit langem schon wird von Interessenten der Brandenburger Heimatgeschichte ein Handbuch vermißt, welches eine Übersicht über die mehr als tausendjährige Geschichte von Brandenburg an der Havel zu geben vermag. Das klassische Geschichtswerk zur Stadtgeschichte – die Geschichte der Chur- und Hauptstadt Brandenburg an der Havel von Prof. Dr. Otto Tschirch, 1. Auflage von 1928 – ist nur noch vereinzelt im Antiquariat zu bekommen, dann auch enorm teuer, und schließlich ist es kein Handbuch für ein breites Publikum. Das 20. Jahrhundert bleibt dort verständlicherweise im wesentlichen unbeschrieben. Kleinere kurzgefaßte Stadtgeschichten erschienen in handlicher Kurzfassung, so 1927 und 1939 von Dr. Hans Neumann – dem Stadtarchivar nach Prof. Tschirch – oder in Stadtführern, so u. a. von Friedrich Grasow 1926 und 1933; später erschienen solche Schriften auch 1977, 1986 und 1992, vom Rat der Stadt bzw. dem Kulturamt der Stadt herausgegeben.

Die Projektförderung durch die Robert Bosch Stiftung gestattet nunmehr dem Arbeitskreis Stadtgeschichte die Herausgabe einer zweiteiligen chronikähnlichen Übersicht über die Stadtgeschichte. Der erste Teil von Dr. Klaus Heß ist der chronikalischen Zeittafel der Stadtgeschichte vorangestellt. Sein Beitrag gibt einen gestrafften Überblick über das vergangene Jahrtausend, unterteilt in Jahrhundertschritte. Die jeweilige Jahrhundertbetrachtung leitet er mit einer kurzen allgemeingeschichtlichen Charakterisierung bzw. Darstellung der Hauptereignisse des betreffenden Jahrhunderts ein. Dieser Aufsatz von Klaus Heß ist die Wiedergabe seines Vortrages im Fontaneklub am 19. April 2000 anläßlich der Eröffnung der Arbeit am von der Robert Bosch Stiftung geförderten Projekt "Brandenburg 2000" durch den Arbeitskreis Stadtgeschichte. Wichtige Illustrationen zu diesem ersten Teil wurden freundlicherweise vom Stadtmuseum und von Herrn Hans-Uwe Salge zur Verfügung gestellt. Bei der Auswahl der Abbildungen wurden auch historisch nachempfundene Grafiken aus dem 19. und 20. Jahrhundert verwendet.

Zwischen dem ersten und zweiten Teil befindet sich ein Block von bekannten historischen Stadtansichten, farbig wiedergegeben. Für diesen Teil sind die Herausgeber zu Dank verpflichtet: dem Museum der Stadt Brandenburg, besonders Frau Heike Köhler und Herrn Dr. Hans-Georg Kohnke, dem Fotografen Herrn Salge, der evangelischen St.-Gotthardt-Gemeinde und dem Dommuseum zu Brandenburg.

Der zweite Teil ist das Ergebnis einer längeren Arbeit zur Sammlung und Erfassung von Geschichtsdaten. Das Ausgangsmaterial bot Walter Kunkel an. Karl-Heinz Röhring leistete die Hauptarbeit zur Gestaltung der Zeittafel bis in den Anfang des 20. Jahrhunderts hinein. Die Daten sind vorwiegend dem o. a. Werk von Professor Tschirch entnommen. Beide Autoren weilen nicht mehr unter uns. Wie ehren sie mit der Veröffentlichung dieser Arbeit, die nun endlich möglich ist. Die Daten zum 20. Jahrhundert wurden sowohl von Gudrun Bauer und anderen zeitweiligen Mitarbeitern des städtischen Museums gesammelt als auch von Marcus Alert und von Wolfgang Kusior. Sie führen bis zum Jahr 2000. Dabei wurden in erster Linie zeitgenössische Tageszeitungen ausgewertet (Brandenburger Anzeiger, Brandenburger Zeitung, Märkische Volksstimme, Märkische Allgemeine). Die Datentabelle wurde von W. Kusior redigiert und kommentiert. Dem aufmerksamen Leser wird nicht entgehen, daß die Darstellung der Ereignisse nicht im regionalen Rahmen begrenzt bleibt, sondern daß sich immer wieder Vorgänge der deutschen Geschichte in der Stadtgeschichte Brandenburgs widerspiegeln. Die Autoren erheben nicht den Anspruch auf Vollständigkeit der Daten oder Endgültigkeit der Darstellung des Ereignisses. Wesentlich ist wohl aber, daß eine so umfängliche Datensammlung bisher eine Neuheit ist und daß für die gesamte Gestaltung dieser Schrift auf kein Beispiel zurückgegriffen werden konnte. Für die Korrektur der Chronik danke ich meiner Frau Hannelore Kusior.

Die Autoren hoffen auf eine freundliche Aufnahme in der Öffentlichkeit.

Wolfgang Kusior   Brandenburg (Havel), im April 2003

Dr. Klaus Heß

Das vergangene Jahrtausend – Streiflichter aus der Brandenburger Geschichte
(Vortrag vom 19. April 2000)

Vorbemerkungen

Brandenburg im letzten Jahrtausend – das Thema soll die Jahre 1000 bis 2000 umfassen. Die Diskussion über das Jahr eines Jahrhundert- bzw. Jahrtausendwechsels klammere ich aus. Machen wir es wie der Papst 1899, der – entgegen der Mathematik – festlegte, das neue Jahrhundert beginnt 1900, bleiben wir also bei den Jahren 1000 bis 2000. Da die schriftliche Überlieferung für Brandenburg erst im 10. Jahrhundert beginnt, umfasst die Betrachtung der Zeit 1000 bis 2000 fast die gesamte Stadtgeschichte. Ich möchte nicht auf die Diskussion eingehen, ob die Jahrtausendfeier 1929 oder 1948 fällig war, beide Ausgangsdaten liegen vor dem zu behandelnden Zeitraum.

Ich nehme die einzelnen Jahrhunderte als Gliederung und für die einzelnen Jahrhunderte – und das ist natürlich sehr subjektiv – einzelne Höhepunkte der Stadtgeschichte, Persönlichkeiten und Entwicklungen. Ausgangspunkt in jedem Jahrhundert sollen – auch das ist natürlich subjektiv – Tendenzen in der europäischen und deutschen Geschichte sein. Der Zeitumfang für einen Vortrag zwingt zur Einschränkung, also zur Auswahl, nicht alle wichtigen Ereignisse in Brandenburg können behandelt werden.

Im Winter 928/29 eroberte der deutsche König Heinrich I. den auf der heutigen Dominsel gelegenen Fürstensitz des slawischen Stammes der Heveller. Kenntnis von dieser Eroberung haben wir durch die Chronik des Widukind von Corvey, die dieser um 967 schrieb. Darin heißt es:

„Überraschend fiel Heinrich in das Land der Heveller ein, ermüdete sie durch zahlreiche Kämpfe, schlug endlich im härtesten Winter sein Lager auf dem Eise auf und nahm die Burg Brennaburg durch Hunger, Schwert und Kälte."

Für dieses Ereignis gibt es also nur einen chronikalischen Beleg, die älteste urkundliche Erwähnung ist die Urkunde über die Stiftung des Bistums Brandenburg durch Otto I. aus dem Jahre 948. Die Urkunde ist also sowohl für die Kirchengeschichte, das Land und die Stadt Brandenburg die erste Namensnennung für Brandenburg – in der Schreibweise Brendanburg.

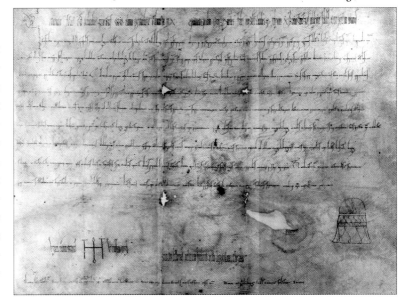

1 Gründungsurkunde des Bistums Brandenburg von 948 *(Domstiftsarchiv zu Brandenburg, Repro: U. Salge)*

2 Modell der Brandenburg im 10. Jahrhundert, Zugang zur Hauptburg (*Stadtmuseum Brandenburg)*

11. Jahrhundert: Der slawische Stamm der Heveller hatte seinen Fürstensitz in der Brandenburg

Im 11. Jahrhundert führte der Anspruch des Papstes auf oberste weltliche Macht zu Kämpfen mit Kaisern und Königen. Die Kreuzzüge brachten das christliche Europa mit den Kulturen anderer Völker in Berührung und trugen damit zur Überwindung der europäischen Rückständigkeit bei. Zum Ende des Jahrhunderts setzten sich in Deutschland die arabischen Ziffern durch.

Wie sah es um 1000 in Brandenburg aus ? Der große Slawenaufstand von 983 beseitigte die sächsisch-deutsche Herrschaft und zerstörte den Bischofssitz. Versuche, die Brandenburg zurückzuerobern, scheiterten nach anfänglichen Erfolgen und wurden um 1000 für längere Zeit eingestellt. Die Hevellerfürsten ließen sich wieder auf der Burg nieder. Auf dem heutigen Marienberg bestand ein Kultplatz für den dreiköpfigen Gott Triglaw, wahrscheinlich das Stammesheiligtum.

Die Hauptburg, die durch eine Holz-Erde-Mauer geschützt wurde, hatte etwa einen Außendurchmesser von 120 Metern und nahm eine Fläche von 0,5 Hektar ein. Mit der nur durch einen Graben geschützten Vorburg dürfte die Gesamtfläche etwa 1 Hektar betragen haben. Die Grabungsfunde belegen die hohe Entwicklung der materiellen Kultur, des Handels und des Handwerks am Hauptort der Heveller und unterstreichen die dominierende Stellung der Brandenburg zu den umliegenden Landschaften.

Neben der Burg auf der heutigen Dominsel befanden sich im Gebiet der späteren Alten und Neuen Stadt im 11. Jahrhundert offene Siedlungen, die bereits für die slawische Besiedlungszeit eine frühstädtische Entwicklung annehmen lassen. Der Besitz der Brandenburg sicherte auch die Kontrolle über den Verkehr auf den Handelsstraßen, die von Magdeburg über Brandenburg, Spandau nach Osten gingen.

3 Einzug der Prämonstratenser um 1140 in Parduin bei der Brandenburg. 3. v. r. Fürst Pribislaw, 4. v. r. Bischof Wigger (*Relief am ehem Kriegerdenkmal auf dem Marienberg, Foto: Sammlung Kusior*)

12. Jahrhundert: Die Städte Alte und Neue Stadt Brandenburg entstanden

Das Entstehen von Städten durchbrach in Mitteleuropa die dörfliche Beschränktheit. Das Bürgertum bildete sich mit der Entwicklung von Handwerk und Handel heraus, Zünfte entstanden. Die Fürsten begannen in Deutschland mit der Entwicklung von Territorialherrschaften. Die Kirche griff zur Inquisition. 1120 entstand der Prämonstratenserorden mit Doppelklöstern für Männer und Frauen.

Für Brandenburg gibt es im 12. Jahrhundert ein herausragendes Datum: 11. Juni 1157, der Geburtstag der Mark Brandenburg. Albrecht der Bär war vom deutschen König Lothar III. zum Markgrafen der Nordmark erhoben worden. Albrecht wurde um 1100 als Spross eines sächsischen Fürstengeschlechts geboren, am bekanntesten war von ihren Namen der der Askanier – nach ihrer Burg Askanien bei Aschersleben. Nach innerfamiliären Auseinandersetzungen, die hier außeracht bleiben sollen, errang er die Markgrafenwürde.

In Brandenburg herrschte seit 1127 der Hevellerfürst Pribislaw. Dieser nahm frühzeitig Kontakt zu seinem deutschen Nachbarn Albrecht auf. So wurde Pribislaw 1134 Pate des ersten Sohns von Albrecht – Otto – und übereignete diesem als Patengeschenk die Zauche. Pribislaw trat zum Christentum über und holte Mönche aus dem Kloster Leitzkau, Prämonstratenser, nach Brandenburg. Der Westteil der St. Gotthardtkirche

4 Albrecht der Bär, erster Markgraf von Brandenburg von 1157 bis 1170 (*Modell der Plastik von R. Siemering, Stadtmuseum Brandenburg, Foto: Salge*)

5 Urkunde des Markgrafen Otto I. für die Bürger von Brandenburg 1170 *(aus Otto Tschirch, Geschichte der Chur- und Hauptstadt Brandenburg Bd. I, Stadtarchiv Brandenburg)*

aus der Zeit um 1140 erinnert an diese Episode. Der Siedlungskomplex auf der Burginsel konnte Mitte des Jahrhunderts schon als frühstädtische Anlage bezeichnet werden. Es gab eine Haupt- und eine Vorburg, dazu eine dichtbebaute Siedlung für Handwerker, Dienstmannen und vielleicht auch schon für Kaufleute.

Da Pribislaw keine direkten Nachkommen hatte, wurde Albrecht sein Erbe – den Grund kennen wir nicht. Als Pribislaw 1150 starb, hielt seine Frau die Nachricht drei Tage zurück, bis Albrecht auf der Brandenburg war. Einige Jahre ging der Kampf um die Brandenburg. Am 11. Juni 1157 fiel sie nach längerer Belagerung und heftigen Kämpfen an Albrecht. Dieser war damit im Besitz des Havellandes und der Zauche und nannte sich fortan Markgraf von Brandenburg. Am 18. November 1170 starb Albrecht. Die Herrschaft hatte zu der Zeit schon sein Sohn Otto übernommen. Bis 1319 regierten die Askanier die Mark Brandenburg, dann starben sie aus. Aus dem 12. Jahrhundert sind noch zwei Jahreszahlen für die Stadtgeschichte von Bedeutung: 1170 und 1196.

Am Westufer der Havel hatte sich eine Siedlung mit dem deutschen Namen Parduin herausgebildet, die eine deutsch-slawische Mischbevölkerung gehabt haben dürfte. Deutsche Kaufleute und Prämonstatenser lebten dort in enger Nachbarschaft. Zu Beginn der sechziger Jahre wurden dem Prämonstratenserkapitel Besitzrechte auf der Burginsel zugestanden. Unter Bischof Wilmar begann 1165 der Bau des heutigen Doms. Die Siedlung Parduin, die St. Gotthardtkirche war nun Pfarrkirche, entwickelte sich durch den Zuzug von Handwerkern, Kaufleuten und ländlichen Siedlern. Ein Privileg des Markgrafen von 1170 begünstigte die Bürger der Stadt, die nun schon Brandenburg hieß. Diese Urkunde, sie liegt im Stadtarchiv, gilt als die älteste städtische Urkunde für Brandenburg, für die später sogenannte Alte Stadt Brandenburg. Die Stadt selbst war eine reichsunmittelbare Stadt. So hat das Siegel z.B. kein Hoheitszeichen der Askanier.

Auf der Burginsel saß der Bischof, er hatte wieder die Hälfte der Burg erhalten, und in der anderen Hälfte, die dem König zustand, als dessen Vertreter der Burggraf. Albrecht der Bär stand mit leeren Händen da. Das dürfte mitentscheidend gewesen sein, dass sein Sohn Otto eine Stadt am östlichen Havelufer gründete, die den Namen der Burg übernahm. 1196 wurde sie erstmals als Neue Stadt Brandenburg urkundlich genannt.

Ende des 12. Jahrhunderts gab es den Namen Brandenburg also mehrfach: Die Brandenburg als Ausgangsname, die Markgrafschaft Brandenburg und zwei städtische Siedlungen, die Alte und die Neue Stadt Brandenburg.

13. Jahrhundert: Die Klöster der Franziskaner und Dominikaner entstanden

Der Siegeszug der Mongolen vom Gelben Meer bis Mitteleuropa schuf das größte Weltreich aller Zeiten. Die katholische Kirche verbrannte ihre Gegner und veranstaltete Kreuzzüge gegen christliche Völkerschaften. 1210 stiftete Franziskus den ältesten Bettelorden der katholischen Kirche. Dessen Mitglieder sollten in völliger Besitzlosigkeit leben. Die katholische Kirche erkannte den Orden – die Franziskaner – an.

Für die beiden Städte Brandenburg änderten sich die geographischen Bedingungen. Von der Havel wurde Wasser in die Wehrgräben geleitet. An der Dominsel entstanden Staudämme für die Nutzung von Wassermühlen. Für die Schifffahrt wurde im weiten Bogen um die Neustadt ein Umgehungsarm der Havel geschaffen. Die ursprünglich aus Erdwällen und Holzplanken bestehenden Stadtbefestigungen wichen im 13. Jahrhundert steinernen Mauern (die heutigen Reste sind aber jünger), jede der beiden Städte Brandenburg besaß schließlich fünf Stadttore. Die Burginsel wurde Eigentum des Bischofs, aus der Burginsel wurde die Dominsel. Nur die Straßennamen Burghof, Burgweg erinnern noch an die Burg-Zeit.

6 Putzritzzeichnung vom 13. Jahrhundert, aus dem ehemaligen frühgotischen Haus am Katharinenkirchplatz, jetzt im Stadtmuseum Brandenburg (aus: *Hans Neumann, Chronik der Chur- und Hauptstadt Brandenburg, Brdbg. 1939*)

7 Rutger-Lektionar aus dem 13. Jahrhundert *(Dommuseum Brandenburg)*

An der Spitze der Städte standen Schulzen. Ratsmannen und Schöppen hatten die Machtbefugnisse in ihren Händen. Die Hauptaufgabe des Schulzen, der vom Markgrafen eingesetzt wurde, war die Eintreibung der Abgaben für den Stadtherren. Er hatte außerdem die öffentliche Ordnung aufrechtzuerhalten. Der Unterschied zwischen Stadt und Dörfern bildete sich über Einflussmaßnahmen der Bürger mit regelmäßigen Zusammenkünften und der Entstehung von Ratsmannen heraus. Der Boden der Stadt und die Flur gehörten noch dem Stadtherren, der auch die Hochgerichtsbarkeit ausübte. Es war also ein längerer Prozess der Lösung der Städte von der direkten Abhängigkeit vom Stadtherren.

Im 13. Jahrhundert entstanden auch die Bettelmönchsorden, die den kirchlichen Einfluss auf die ärmere Stadtbevölkerung erhöhten. Um 1240 siedelten Franziskaner von Ziesar in die Alte Stadt Brandenburg über und errichteten dort ein neues Kloster. Markgraf Otto der Lange schenkte 1286 den Dominikanern den an der Stadtmauer der Neuen Stadt gelegenen markgräflichen Hof zur Errichtung eines Klosters. Eine Schenkung durch die Stadt vergrößerte noch das Gelände. Die Klosterkirche, die Ende des 14. Jahrhunderts dem Apostel Paulus geweiht wurde, war der erste gotische Backsteinbau in der Stadt. Nach der Reformation wurden die Klöster aufgelöst. Der Kurfürst übergab die Gebäude den Städten.

Zum 13. Jahrhundert in Brandenburg gehört der Bau der Marienkirche auf dem Marienberg – der prachtvollste Bau, den die Mark Brandenburg zu bieten hatte. Pribislaw hatte nach seinem Übertritt zum Christentum das Triglawheiligtum zerstören und eine Maria geweihte Kirche errichten lassen. Ein angeblich wundertätiges Marienbild verlieh dieser Kirche große Anziehungskraft. Um 1220 begann der Bau einer neuen Kirche, und 1222 gewährte der Papst allen, die am Tag der Geburt Marias, am 8. September, nach der Kirche wallfahrten und Almosen für die Fortsetzung des Baues spendeten, einen Ablass von 20 Tagen. Das Aussehen der Marienkirche ist nur in Abbildungen überliefert. Auf dem ältesten Bild von Brandenburg aus dem Jahre 1582 überragt die Marienkirche eindrucksvoll die Stadt. Der Grundriss der Kirche hatte die Form eines griechischen Kreuzes mit vier halbrunden Apsiden und vier Ecktürmen. 1443 stiftete Kurfürst Friedrich II. den Schwanenorden. Nach der Reformation verfielen Kirche und Kloster.

Oberhöfe Magdeburger-Rechts

Magdeburg · Halle · Leipzig · Brandenburg · Breslau

Neumarkt · Olmütz · Leitmeritz · Culm · Krakau

14. Jahrhundert: Der Höhepunkt der politischen und wirtschaftlichen Machtstellung beider Städte Brandenburg in der Mark Brandenburg

8 Die zur Weitervergabe des Magdeburger Stadtrechts berechtigten Städte (*aus: Magdeburg in der Politik der deutschen Kaiser, Heidelberg-Berlin 1936*)

Das 14. Jahrhundert war die Zeit der Renaissance. In den Städten kündeten mächtige Rathausbauten vom wachsenden Selbstbewusstsein der Bürger. Das Streben nach universaler Bildung führte in vielen Städten zu Universitätsgründungen. 1335 begann in Europa die Herstellung von Kanonen aus Metall.1370 kam aus dem Orient das Kartenspiel nach Europa und wurde schon 1378 in Regensburg verboten. Die Hanse vereinte deutsche Städte und beschloss den Krieg gegen Dänemark. Der deutsche Kaiser Karl IV. dehnte seine Hausmacht auf die Mark Brandenburg, die Lausitz und Schlesien aus.

Ein Gnadenbrief des Markgrafen Johann II. für die Neue Stadt Brandenburg von 1315 bestimmte, dass alle märkischen Städte ihr Rats- und Schöffenrecht, d. h. ihre Rechte in bezug auf die Stadtverwaltung und die Rechtsprechung, von Brandenburg übernehmen sollten. Dadurch wurden u. a. Berlin, Spandau, Frankfurt (Oder) Tochter- bzw. Enkelstädte von Brandenburg. Die Städte Brandenburg hatten ihre Stadtrechte von Magdeburg abgeleitet.

1319 starben die askanischen Markgrafen überraschend aus. Die Mark Brandenburg wurde zum Zankapfel der Fürsten. Nur dem energischen Auftreten der großen Städte, darunter der Alten und der Neuen Stadt Brandenburg, war es zu verdanken, dass die Einheit der Mark erhalten blieb. Die Wittelsbacher, seit 1323 Markgrafen von Brandenburg, kümmerten sich wenig um die Mark. Unter diesen Bedingungen war es verständlich, dass viele Städte 1348 einen Mann unterstützten, der sich als der 1319 angeblich nicht verstorbene askanische Markgraf Waldemar ausgab und als der "falsche Waldemar" in die Geschichte einging. Die beiden Städte Brandenburg gerieten 1350 wegen ihrer Haltung zum falschen Waldemar sogar unter Reichsacht. Erst 1355 erkannten sie die Wittelsbacher an.

9 Stadtschreiber Engelbert Wusterwitz (um 1385 - 1433) (*Bronzefigur vom ehem. Kurfürstenbrunnen, jetzt im Stadtmuseum Brandenburg, Foto: Salge*)

Der deutsche Kaiser Karl IV. versuchte, nachdem die Mark Brandenburg 1356 Kurfürstentum geworden war, diese für die eigene Dynastie, die Luxemburger, zu gewinnen. Er erreichte das 1373. Die Luxemburger kümmerten sich aber noch weniger um die Mark Brandenburg.

Das 14. Jahrhundert war die Blütezeit der Städte Brandenburg. Von den in ständiger Geldnot lebenden Markgrafen hatten sie Eigentum und Rechte erworben. Umfangreicher Landbesitz und Pachteinnahmen ließen die Städte reich werden. Ihre Unabhängigkeit war so groß, dass sie der der freien Reichsstädte nicht nachstand.

Wichtig war für beide Städte auch die Mitgliedschaft in der Hanse. Sie wurden regelmäßig zu den Lübecker Hansetagen eingeladen. In Brandenburg wurden große Märkte abgehalten. Beide Städte besaßen das Niederlagerecht, d. h. durchreisende Kaufleute mussten in Brandenburg ihre Ware anbieten. Die Handelsbeziehungen Brandenburger Kaufleute erstreckten sich über ganz Europa. Ausgeführt wurden Getreide, Holz, Tuche, Brandenburger Wein. Eingeführt wurden vor allem feine Tuche, Salz, Seefische, Eisenwaren, Gewürze und Schmuck.

Die Handwerker waren in Zünften zusammengeschlossen. Die Gewandschneider stellten die bedeutendste Zunft. Zur Erlangung des Bürgerrechts, das nur Männer erlangen konnten, waren notwendig: ein eigenes Haus, eheliche Geburt, deutsche Nationalität, christliches Bekenntnis.

Eine Persönlichkeit von überstädtischer Bedeutung war Engelbert Wusterwitz. Um 1385 wahrscheinlich in Brandenburg geboren, verstarb er 1433 hier und wurde in der St. Katharinenkirche beerdigt. Er war u. a. neustädtischer Syndikus und Stadtschreiber. Er schrieb eine Chronik der Mark Brandenburg für die Zeit zwischen 1391 und 1423, also für die Zeit zwischen den Luxemburgern Markgraf Jobst von Mähren und Kurfürst Sigmund bis zum ersten Hohenzollern in der Mark Brandenburg, Friedrich I.

Im 14. Jahrhundert lag der Höhepunkt der politischen und wirtschaftlichen Machtstellung beider Städte Brandenburg in der Mark Brandenburg.

15. Jahrhundert: Der erste Hohenzoller wurde bei seinem Einzug in die Mark Brandenburg zuerst von den Städten Brandenburg begrüßt

In Europa wurden nach dem Adel auch die Herrscher wirtschaftlich immer stärker vom Besitzbürgertum abhängig. Die Kirche unterdrückte alle religiös-sozialen Reformversuche. Jan Hus wurde 1415 hingerichtet. Johann Gutenberg druckte 1455 die Bibel. 1492 entdeckte Kolumbus Amerika. In diesem Jahrhundert wirkten Michelangelo, Raffael, Leonardo da Vinci, Albrecht Dürer. In der Mark Brandenburg wüteten die Raubritter. Friedrich VI. Burggraf von Nürn-

10 Hans von Quitzow mit seinen Knappen vor dem Plauer Tor (*Im Banne der Heimat, Hrsg. Erich Krebs, Brandenburg/H.*)

berg erhielt die Regentschaft über die Mark Brandenburg und wurde damit zum Begründer der Hohenzollern-Dynastie in Brandenburg-Preußen. 1412 zog er in die Mark ein.

Da sich die Wittelsbacher und die Luxemburger als Markgrafen wenig um die Mark Brandenburg kümmerten, konnten einige Adelsgeschlechter eigene Willkürherrschaften errichten. Die Städte Brandenburg hatten besonders unter den ständigen Übergriffen der auf der Burg Plaue sitzenden Quitzows zu leiden. Das städtische Vieh wurde von den Weiden weggetrieben, Kaufmannszüge überfallen und ausgeplündert, Kaufleute und Stadtknechte häufig nur gegen Lösegeld freigegeben. Das Raubrittertum gefährdete also die Sicherheit der Städte und drohte Handel und Gewerbe zum Erliegen zu bringen. Die Städte wehrten sich aber. So wurde der Ritter Busso von Alvensleben 1402 in der Neuen Stadt hingerichtet. Die Kraft der Städte reichte aber gegen den raubenden Adel nicht aus. Das Ende des Raubrittertums kam mit der Belehnung der Hohenzollern mit der Mark Brandenburg.

Am 22. Juni 1412 öffneten die Städte Brandenburg dem Burggrafen Friedrich VI. von Hohenzollern die Tore. Graf von Wartensleben ließ 1912 den sogenannten Hohenzollernstein an der alten Heerstraße aufstellen, an einer Stelle, an der Friedrich angeblich zuerst die Mark Branden-

11 Burggraf Friedrich VI. von Nürnberg wird als erster Hohenzoller von der Brandenburger Bürgerschaft und von den Domherren empfangen (*Ehem. Relief am Plauer Torturm v. E. Herter, Slg. Kusior*)

12 Kurzfassung für Schulzwecke der zeitgenössischen Ballade von Niklas Upslacht *(Um Havel und Rhin, Ferdinand Hirts Heimat-Lesehefte, 1924)*

Der Fall der Quitzows.

Der liebe Gott erbarmte sich,
der Mark zum Troste gnädiglich
gab er den Markgrafen Friederich,
den Fürsten Lobesamen.

Die Quitzows schworen einen Eid,
wie sie den Fürsten täten Leid,
dazu waren sie mit List bereit
mit ihrem Ingesinde.

Die Quitzows waren von tollem Mut,
sie sprachen: „Gälte es auch Leib und Blut,
wir haben Burgen in unsrer Hut,
er soll uns nicht verjagen.

Was will uns der Nürnberger Tand?
Er wiegt nur ein Scherflein in unsrer Hand.
Er soll uns nicht werfen aus Burg und Land,
des wollen wir ruhig schlafen.

Vor tausend sind wir ohne Gefahr,
und regnet's Fürsten noch ein Jahr,
das achten wir klein nur wie ein Haar,
bringen sie auch Hünen oder Riesen."

Herr Friedrich der ließ schweben die Fahn',
er sprach: „Ihr Ritter alle, nun wohlan,
jetzt gehen wir mit Stürmen dran,
ein jeder tu sein Bestes!"

Das Wetter war gar ungestalt,
es regnete, schneite und war kalt,
doch Friedrich bekam die Burg in Gewalt,
weil Gott es selber wollte.

Friesack, Plaue und Rathenow,
Golzow und Beuthen ebenso
huldigten Friedrich, und alles war froh,
daß Recht Recht bleiben sollte.

Der uns dieses Liedlein sang,
Nikolaus Uppschlacht ist er genannt,
zu Brandenburg ist er wohlbekannt,
er lobet Held Friedrich voll Freuden.

Volkslied (gekürzt).

burg betreten haben soll. Diese Aussage des Steines ist aber falsch. Nach der Zerbster Chronik ist Friedrich durch Wittenberg gezogen. Der nächste belegte Ort ist Brandenburg. Der kürzeste Weg von Wittenberg nach Brandenburg führte über Belzig und Golzow, also nicht über die alte Heerstraße. Sollte Friedrich aber von Wittenberg zuerst nach Ziesar gezogen sein, dort residierte Bischof Henning von Bredow, müsste er durch Görzke gekommen sein, das damals noch zur Mark Brandenburg gehörte. Der Stein steht an einer der schönsten Stellen der Umgebung der Stadt mit Diebesgrund und Silberquelle, mit Neustädtischer Forst und Gränertwald. Am 20. Juli 1412 fand in Brandenburg ein allgemeiner Landtag statt, auf dem die märkischen Städte Friedrich huldigten. Die Hohenzollern fanden also in den Städten Brandenburg ihre ersten Verbündeten in der Mark, zur Residenz aber wählten sie sehr bald Berlin. Der Verlust der politischen Stellung führte im 16. Jahrhundert für die Städte Brandenburg auch zum Verlust der ökonomischen Bedeutung.

Für das 15. Jahrhundert darf bei der Betrachtung Brandenburgs nicht der Roland vergessen werden. 1402 war es noch ein hölzerner Roland. Seit 1474 steht der uns bekannte steinerne Roland in Brandenburg. Er hat eine Höhe von 5,34 Metern und ein Gewicht von etwa 8,5 Tonnen. Welche konkreten Rechte mit der Aufstellung von Rolanden verbunden waren, ist bis heute nicht bekannt. Der Name dürfte von Roland, einem Gefolgsmann Karl des Großen, stammen. Der Brandenburger Roland ist die wohl künstlerisch reifste Leistung aller Rolandfiguren. Er ist jünglingshaft gestaltet, trägt eine Plattenrüstung, die Körperrelationen stimmen. Die rechte Hand hält in Schulterhöhe das Schwert senkrecht, die linke liegt am Dolch. Er trägt einen schmalen, ornamentierten Gürtel, außerdem Arm- und Beinschienen und Handschuhe. Das Haupthaar reicht bis zum Nacken. In einer Vertiefung auf dem Kopf wächst Donnerkraut, das vor Blitzschlag schützen sollte.

Der Roland stand ursprünglich auf dem Neustädtischen Markt. Da er dort beim Exerzieren störte, kam er 1716 mit Genehmigung des Königs vor das Neustädtische Rathaus. 1941 wurde er eingelagert und 1946 dann, da das Neustädtische Rathaus zerstört

13 Huldigung 1412 für Friedrich v. Hohenzollern, des späteren Kurfürsten Friedrich I. (ab 1417), 2. v. l. Burggraf Friedrich, 1. v. r. Hans v. Quitzow.
(Relief am ehem Kriegerdenkmal auf dem Marienberg, Postkarte Slg. Kusior)

17

worden war, vor das Altstädtische Rathaus gestellt. Dort steht er noch heute. Laut Aufschrift auf dem Stützpfeiler erfolgten 1556, 1709 und 1930 Restaurierungen, 1988 begann die bisher letzte. Im 16. Jahrhundert erhielt der Roland eine Versilberung. 1716 wurde er mit Aschfarbe überstrichen, die Rüstung mit Gold ausstaffiert. Eine Kopie des Brandenburger Rolands steht seit 1906 in Berlin vor dem Märkischen Museum. In den Sagen über Habakuck Schmauch und über den Raub durch die Neustädter lebt der Roland ebenfalls weiter.

Im 15. Jahrhundert entstanden in beiden Städten Prachtbauten der norddeutschen Backsteingotik: St. Gotthardt, St. Katharinen, die Rathäuser der Alten und der Neuen Stadt.

14 Die Bürgermeistertochter "verrät" dem Roland das Versteck von Habakuk Schmauch (Grafik: M. Wolff)

16. Jahrhundert: Die Reformation brachte Gottesdienste in deutscher Sprache und die Säkularisierung der Klöster

Die Reformation setzte sich in Nordeuropa als Glaubenserneuerung durch. Die Gegenreformation hielt aber den größeren Teil Europas bei der römischen Kirche. Trotz der Inquisition brach sich ein wissenschaftliches Weltbild Bahn. Die erste Weltumsegelung bewies schon 1422 die Kugelgestalt der Erde. Kopernikus begründete sein sonnenbezogenes Weltbild. Adam Riese schrieb 1550 sein Rechenbuch. Die Kartoffelpflanze kam 1548 aus Südamerika nach Europa. Der Kaffee kam 1538 durch Türken nach Europa, die Tabakpflanze 1529 aus Amerika nach Spanien. Nach Deutschland gelangte die Tabakpflanze 1565 als Heilpflanze. Die Engländer übernahmen die Belieferung Amerikas mit Negersklaven. Französische Protestanten (Hugenotten) wanderten massenhaft aus. 1588 erschien in Köln die erste regelmäßige Zeitung Deutschlands. Anfang des Jahrhunderts verkaufte Tetzel, ein Dominikanermönch, kirchlichen Sündenablass sogar für Verstorbene. 1517 schlug Martin Luther seine 95 Thesen gegen den Ablasshandel an die Schlosskirche zu Wittenberg. 1522 wurde die Bibel verdeutscht. Von 1522 bis 1526 tobte der Deutsche Bauernkrieg. 1582 verfügte Papst Gregor XIII., dass das Kalenderjahr wieder an das Sonnenjahr anzugleichen sei. Der Gregorianische Kalender ist die bekannteste Kalenderreform.

15 Franziskaner-kloster mit St. Johannis *(Abbildung v. 1790, Stadtmuseum*

Anfang des 16. Jahrhunderts bestätigte Kurfürst Joachim I. die Bezeichnung für Brandenburg als "Chur- und Hauptstadt", der Name war aber nur noch Erinnerung an glanzvollere Zeiten. 1518 mussten beide Städte Brandenburg auch formell aus der Hanse austreten, nachdem schon 1476 der Kurfürst den brandenburgischen Städten die Teilnahme am Bündnis der Hanse verboten hatte. Die beiden Städte Brandenburg verloren ihre Zentralfunktion als bedeutende Handelsstädte an Berlin und Frankfurt(Oder).

Die Reformation, in der Mark Brandenburg 1539 eingeführt, brachte den Städten die säkularisierten Klöster der Franziskaner und der Dominikaner. Die Alte Stadt wollte die Klostergebäude des Franziskanerklosters als Hospital nutzen. Dagegen erhoben die noch anwesenden Mönche Einspruch. So kam es 1544 zu einem Vergleich: Die Stadt errichtete ein Hospital, die Mönche erhielten die Nutznießung bis zu ihrem Tode. Die Klostergebäude verfielen später im Laufe der Zeit. Schon 1531 verließ der größte Teil der Mönche das Dominikanerkloster in der Neuen Stadt. Kurfürst Joachim II. schenkte der Neuen Stadt die Klostergebäude mit allen zugehörigen Gerechtigkeiten. Die Stadt war damit für die langsam verfallenden, leerstehenden Gebäude zuständig. Sie nutzte das Kloster ab 1565 als Pfründehaus und den Ostflügel ab 1575 als Hospital, später wurde es Armenhaus. Damit erfüllte die Stadt die Auflage aus der Schenkungsurkunde, die besagte, dass "theile zu wohnungen der Ahrmen oder sonst zu der Stadt Zier" genutzt werden sollten. In der zweigeschossigen Kapelle westlich der Kirche kam später das Spritzenhaus, also die Feuerwehr der Stadt. Die St. Paulikirche wurde am 11. Oktober 1565 für den protestantischen Gottesdienst geweiht.

16 Der Schöppen-stuhl, Ausschnitt aus dem Stadtpanorama von 1590 *(Stadtmuseum, Foto: Salge)*

1571 löste der Kurfürst das Bistum auf und eignete sich die bischöflichen Güter an. Das Domkapitel wurde zu einer weltlichen Stiftung.

Im 16. Jahrhundert lag die Glanzzeit für den Brandenburger Schöppenstuhl. Das vereinte Schöppenkollegium der Alten und der Neuen Stadt Brandenburg bildete den sogenannten Oberhof und damit die letzte Instanz für alle Rechtsstreitigkeiten der märkischen Städte, 1527 unter Joachim I. übernahm es auch die Funktion eines Obergerichtshofes für die ganze Mark Brandenburg. Jedes Todesurteil und die Anwen-

17 Plauer Torturm
1586 *(Stadtmuseum)*

dung der Folter mussten hier bestätigt werden. Allein etwa 700 Hexenprozesse wurden in der Zeit von 1530 bis 1730 entschieden. Die Urteile sind durch die Aufzeichnungen des Schöppenschreibers überliefert: zu Feuer, zum Strange, mit dem Schwert vom Leben zum Tode verrichten, den Raben übergeben, das Rad sei deine ganze Gnad. In den Verhandlungen wurden "Geständnisse" auch durch peinliche Vernehmungen, d. h. mit Folter, herausgepresst. Der Oberhof in Brandenburg verlor im Dreißigjährigen Krieg viel von seiner Bedeutung. Die öffentliche Bekanntmachung über die Aufhebung des Brandenburger Schöppenstuhls erfolgte 1817. Der Brandenburger Schöppenstuhl verkörperte die feudale Justiz auf dem Territorium der Mark Brandenburg, er musste der bürgerlichen Rechtsprechung weichen.

Mitte des 14. Jahrhunderts erreichte die von Asien kommende Pest Europa. Fast ein Drittel der 75 Millionen Einwohner Europas fiel der Pest zum Opfer. Kein anderes Bakterium nahm größeren Einfluss auf den Verlauf der Geschichte, keines zerstörte so nachhaltig die soziale Ordnung. Viele Christen betrachteten die Pest als Strafe Gottes und gaben die Schuld daran den Juden, die zwischen 1348 und 1351 grausam verfolgt wurden. Die Pest unterschied nicht zwischen arm und reich. Es kam zu großen Verschiebungen in den sozialen Strukturen Europas. Damit wurde das Ende des Mittelalters und der Beginn der Neuzeit eingeläutet. Durch Zugewinne der Güter verstorbener Verwandter entstand eine kleine, begüterte Bürgerschicht. Große Teile des Geldes investierten sie und erreichten einen wirtschaftlichen Aufschwung, außerdem förderten sie die Künste und die Wissenschaften. Für die beiden Städte Brandenburg brachte das 16. Jahrhundert große Bevölkerungsverluste durch die Pest. Der Höhepunkt lag am Ende des Jahrhunderts. 1598 hatte die Alte Stadt 1178, die Neue Stadt etwa 2000 Tote zu beklagen.

18 Simon Roter (links), Teil seines Epitaphs in der St. Gotthardtkirche von 1593
(Foto: René Rohr)

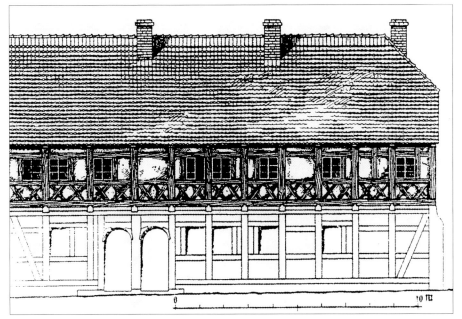

19 Altstädtische Lateinschule von 1552 *(in: Die Kunstdenkmäler von Stadt und Dom Brandenburg, Goecke/Eichholz, Berlin 1912)*

Zwei Männern des 16. Jahrhunderts verdanken wir einen Großteil der Kenntnisse über die Alte Stadt: Simon Roter, 1524 in Neumark/Schlesien geboren, war Rektor der altstädtischen Schule, Stadtschreiber und Bürgermeister. 1550 oder 1551 übernahm Roter das Amt des Stadtschreibers. Stadtschreiber zu sein, bedeutete im 16. Jahrhundert eines der einflussreichsten Ämter einzunehmen. Vom Geschick und der Klugheit des Stadtschreibers hing das Geschick des Stadt ab. Er war bei allen Ratsgeschäften dabei, buchte die Einnahmen und Ausgaben, trug Ratsangelegenheiten und Beschlüsse in die Stadtbücher ein. So war es üblich, dass erfolgreiche Stadtschreiber nach einigen Jahren in den Rat eintraten. Als Roter 1561 Bürgermeister wurde – er blieb das bis 1578 – übergab er seinem Nachfolger als Stadtschreiber ein

20 Das neustädtische Gymnasium von 1572 *(in: Friedrich Grasow, Brandenburg die tausendjährige Stadt, Brandenburg 1928)*

mustergültig geordnetes Archiv. Zu den von uns heute nicht hoch genug zu würdigenden Leistungen als Stadtschreiber gehört neben der Führung eines Stadtbuches die Anlegung eines zweibändigen Kopiars, das von seinen Nachfolgern teilweise weitergeführt wurde. Im Band I sind 222 Abschriften von Urkunden der Jahre 1170 bis 1561 enthalten, im Band II 68, davon 10 von der Hand Simon Roters. Die Deckel der beiden Bände tragen jeweils die Aufschrift "Simon Roter Stadtschreiber der Alten Stadt Brandenburch". Im Band I beschrieb Roter seine vorbildliche Herangehensweise bei der Erstellung des Kopiars. Eine große Bedeutung des Kopiars liegt darin, dass wir damit den Überlieferungsstand im Urkundendepot der Alten Stadt Mitte des 16. Jahrhun-

Die ward im Jahr 1572 zu bauen vollendet,
1723 in und außwendig erneuert, 1726 gestochen.
Krieg, Hunger Fürcht u. Pest vertreibe Gott in Gnaden!
So wird dir schönes Hauß niemals ein Unfall schaden.

21 Alte Saldria an der St. Gotthardtkirche; ehem. Bischofshof *(Blätter für Heimatpflege, Nr. 9/1924)*

derts nachgewiesen haben. Von den 222 im Band I enthaltenen Urkunden sind im Stadtarchiv noch 116 Urkunden im Original überliefert. 106 Urkunden kennen wir also nur durch das Kopiar. Der Vergleich der vorhandenen Urkunden mit den Abschriften im Kopiar zeigt, dass die Roterschen Abschriften von sehr großer Genauigkeit sind. Das erlaubt uns, auch für die nur im Kopiar überlieferten Abschriften diese Genauigkeit anzunehmen. Simon Roter gelang es, Gertrud von Saldern, die Witwe des kurmärkischen Oberkämmerers Matthias von Saldern, zu überreden, den in ihrem Besitz befindlichen Bischofshof in der Alten Stadt der Stadt zur Errichtung einer Schule zu schenken, da ein Ankauf aus finanziellen Gründen für die Stadt nicht möglich war. Die Schenkungsurkunde wurde 1583 unterschrieben, sie enthält die Bedingung, dass die Schule den Namen von Saldern tragen sollte. Simon Roter starb 1595. Sein Epitaph befindet sich in der St. Gotthardtkirche. Bei der Neugestaltung des Altstädtischen Rathauses zum Festhaus der Stadt 1912 wurden im Hauptportal vier Kopfbilder angebracht, eines zeigt Simon Roter.

22 Zacharias Garcaeus, Medaillon am Altst. Rathaus, Portal Schusterstraße *(Foto: René Rohr)*

Ebenfalls mit einem Kopfbild im Hauptportal des Altstädtischen Rathauses geehrt wurde Zacharias Garcaeus. Auch er war Rektor und anschließend Stadtschreiber in der Alten Stadt. Er wurde 1544 in Pritzwalk geboren und starb am 9. März 1586 in Brandenburg. Bekannt wurde er aber vor allem als märkischer Chronist. In der Handschrift seiner Chronik befand sich eine Zeichnung von 1582, die älteste Abbildung Brandenburgs. Auf dieser Abbildung sind als Blick von der St. Gotthardtkirche das älteste Schulhaus, der Rathenower und der Plauer Torturm und die Marienkirche mit ihren Klostergebäuden zu sehen.

17. Jahrhundert: Der Dreißigjährige Krieg warf die Städte Brandenburg um Jahrhunderte in der Entwicklung zurück

Auf dem europäischen Festland verbreitete sich der Absolutismus, auch in Deutschland. In Westeuropa kam es zu einer Blüte in Dichtung, Malerei und Baukunst. Der Dreißigjährige Krieg wütete in Europa. 1685 erlaubte das Kurfürstentum Brandenburg die Einwanderung französischer Protestanten, Hugenotten. Friedrich Wilhelm – der Große Kurfürst – erwarb Teile von Pommern, Halberstadt, Magdeburg, Kammin, Minden. Er schuf ein stehendes Heer. Die absolute Staatsgewalt lag beim Kurfürsten. Dem Adel garantierte er ein Fortbestehen der Leibeigenschaft. Seit 1690 ist das Briefgeheimnis in Deutschland durch Gesetz geschützt.

Der Dreißigjährige Krieg von 1618 bis 1648 hatte für die beiden Städte Brandenburg furchtbare Auswirkungen. Zu Beginn des Krieges lebten in der Alten Stadt drei- bis viertausend Einwohner, in der Neuen Stadt acht- bis zehntausend, 1643 waren es noch etwa 500 bzw. 2000. Die Gesamteinwohnerzahl aus der Zeit vor dem Kriege wurde erst wieder 1800 erreicht, da waren es 10 228. In der Alten Stadt standen bei Kriegsbeginn 370 Häuser, in der Neuen Stadt 729, 1633 waren in der Alten Stadt noch 35 bewohnt, 165 Häuser standen leer, es gab 65 wüste Stellen. In der Neuen Stadt waren noch 143 bewohnt, 345 leerstehend, 241 Wohnstellen waren wüst.

In den ersten Jahren des Krieges waren es besonders die durch die Münzentwertung hervorgerufenen Teuerungen, die die Bürger belasteten. Noch übler wurde es ab 1626 als Heere der Kriegsführenden heranrückten. Dabei schlossen sich auch Bürger aus beiden Städten den Kriegsführenden an. Von der Alten Stadt sollen sich 200, von der Neuen Stadt 400 haben anwerben lassen. Interessant ist der Bericht des kurfürstlichen Kommissars Wernicke, der am 10. Januar 1633 die Alte Stadt besuchte. Er fand die Stadt in "einem sehr elenden Zustand". Der Dreißigjährige Krieg besiegelte den Niedergang der beiden Städte Brandenburg. Für mehrere Jahrhunderte führte Brandenburg das Dasein einer märkischen Ackerbürgerstadt.

23 Grete-Minde-Prozeß vor dem Brandenburger Schöppenstuhl 1619, Bilder des Mitangeklagten Merten Emmert in den Prozeßakten *(aus: Justiz in Stadt und Land Brandenburg im Wandel der Jahrhunderte, Brandenburg. Oberlandesgericht 1998)*

24 Szene am Neustädtischen Markt im 17. Jahrhundert, Zeichnung von Ludwig Burger, 1880 *(Bodenschatz/Seifert, Stadtbaukunst, Berlin 1992, S. 85)*

25 König Friedrich Wilhelm I. inspiziert die Langen Kerls *(in: Geschichte für höhere Mädchenschulen, Velhagen & Klasing 1904)*

Im 17. Jahrhundert wurde Brandenburg aber auch Garnisonstadt. Die beiden Städte wurden erstmals 1656 mit der Einquartierung des Regiments Graf Waldeck Garnisonstädte. Aber schon nach vier Jahren wurde das Regiment aufgelöst. 1683 wurden Teile des Regiments Kurprinz in Brandenburg stationiert. Mit der wechselnden Stellung seines Namensgebers hieß es ab 1707 Regiment Kronprinz und ab 1713 mit der Thronbesteigung durch Friedrich Wilhelm I. Regiment König. Es wurde dann auch zum Leibregiment ernannt. Seiner Vorliebe für "lange Kerls" ließ der König freien Lauf. Auch das Königsregiment in Brandenburg wurde auf "großen Fuß" gesetzt, das heißt große Männer über sechs Fuß kamen in das Leibregiment. Nach der Vereinigung des Grenadier-Bataillons der "Langen Kerls" mit dem Königsregiment stand von 1724 bis 1738 ein Bataillon der "Langen Kerls" in Brandenburg. Alljährlich kam das gesamte Leibregiment zur Frühjahrsrevue nach Brandenburg, wo Friedrich Wilhelm I. 1717 dem russischen Zaren Peter I. seine "Langen Kerls" zeigte. Zu der Zeit gab es noch keine Kasernen in Brandenburg, die Offiziere und Soldaten wurden in Privatquartieren bei den Bürgern untergebracht. Nach dem Reglement von 1699 hatten die Bürger den Soldaten Obdach, Bett, Feuer und Licht zu gewähren. Ein Teil der Soldaten war verheiratet. So zogen auch die Frauen und Kinder mit in die Soldatenquartiere. Die Soldatenfrauen waren bei den Brandenburger Hausfrauen besonders gefürchtet, denn sie benutzten Küche und Waschhaus mit.

18. Jahrhundert: Die Alte und die Neue Stadt Brandenburg wurden durch königlichen Befehl vereinigt

Die Aufklärung war ein Sieg des vernunftgemäßen Denkens. Frankreich befreite sich vom absoluten Königtum und verwirklichte den bürgerlichen Nationalstaat. Mit der Dampfmaschine begann das industrielle Zeitalter. Naturwissenschaften und Technik traten in den Vordergrund. Musik und Dichtung erreichten höchste Blüte (Klassik): Beethoven, Mozart, Haydn, Bach, Goethe, Schiller, Lessing, Kleist. Philosophisches Denken war verbunden mit den Namen Kant, Hegel, Diderot, Rousseau, Voltaire, Montesquieu. 1701 wurde das Kurfürstentum Brandenburg Königreich, Friedrich Wilhelm I. wurde König in Preußen. Friedrich II., der Alte Fritz, wurde der bedeutendste preußische König im 18. Jahrhundert. 1717 wurde in Preußen die allgemeine Schulpflicht erlassen, 1747 Schloss Sanssouci vollendet. 1708 stellte Böttcher in Meißen das erste Porzellan in Europa her. Seit 1791 gibt es das Längenmaß "Meter". Das 18. Jahrhundert wurde auch durch viele Kriege beherrscht: Spanischer Erbfolgekrieg, Nordischer Krieg, Polnischer Erbfolgekrieg, Erster und Zweiter Schlesischer Krieg, Österreichischer Erbfolgekrieg, Siebenjähriger Krieg, Napoleonische Kriege.

Für die beiden Städte Brandenburg war der 27. Mai 1715 ein entscheidendes Datum. Der preußische König Friedrich Wilhelm I. unterzeichnete im Lager bei Stettin das Reglement über die Vereinigung beider Städte. Es wurde dann am 27. Juli im Rathaus der Neuen Stadt vor den beiden Magistraten, den "Stadtverordneten", Vertretern der Kirche, der Schulen und der Advokaten verkündet. Dieser Entschluss des Königs entsprach keinesfalls den Wünschen der Ratsherren, war

26 Die Marienkirche 1722 vor dem Abriß (*Stadtmuseum Brandenburg*)

aber im Interesse der Stadt überfällig. Mit diesem Datum begann die Geschichte der Stadt Brandenburg. Was änderte sich mit der Vereinigung in der Verwaltung? Zuerst nichts! Es bestand ein gemeinschaftlicher Rat, bestehend aus Justizsenat und Polizeikollegium. Um überschüssige Beamten nicht brotlos zu machen, wurde eine vorläufige Verfassung erlassen, die solange bestehen sollte, bis das Ratskollegium durch das Ableben einiger Ratsherren kleiner geworden war.

Wenige Jahre nach der Vereinigung beider Städte befahl der König den Abriss der Ruine des bedeutendsten Baus des Mittelalters in Brandenburg, der Marienkirche. Oberst Pini hatte Anfang des Jahrhunderts dem König den Abriss vorgeschlagen. Die Steine sollten für den Bau

27 Aufnahme der protestantischen Salzburger durch König Friedrich Wilhelm I., 1732 erreichten sie Brandenburg (*Kriegerdenkmal*)

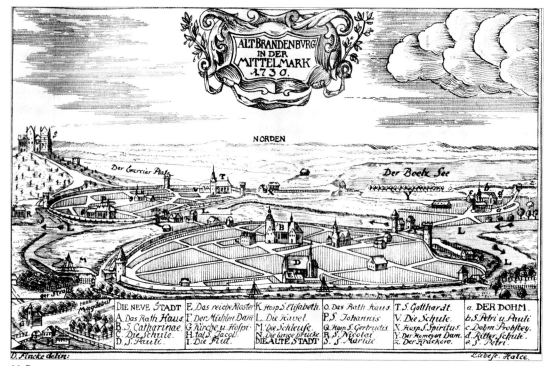

Das reiche Closter K. Hosp S. Elisabeth O. Das Rath Haus T. S. Gotthardt a. DER DOHM.

28 Panorama von Brandenburg 1730 *(Stadtmuseum Brandenburg)*

des Militärwaisenhauses in Potsdam genutzt werden. Außerdem hoffte man, im Gewölbe der Kirche einen Schatz zu finden. Der Brandenburger Magistrat und das Domkapitel protestierten gegen diesen Plan. Der Magistrat erklärte sich sogar bereit, auf eigene Kosten Steine für das Militärwaisenhaus zur Verfügung zu stellen. Der König ließ sich aber nicht umstimmen. 1722 begann der Abriss. Er dauerte 15 Monate. Die Kosten für Abriss und Transport der Steine nach Potsdam überstiegen den Preis für die Herstellung neuer Steine. Ein Schatz wurde nicht gefunden. Ein Gewinner der Abrissaktion war der Nachfolger von Pini, Jürgen Detleff von Massow. Er erhielt Steine für sein Haus in der Ritterstraße und sein Vorwerk. Mit dem Schutt der Kirche wurde Anfang des 19. Jahrhunderts die Straße von Brandenburg nach Plaue befestigt.

Von 1773 bis 1775 entstand in der heutigen Klosterstraße die älteste Kaserne Brandenburgs. Sie war für 48 verheiratete und 192 ledige Soldaten des Infanterie-Regiments von Kleist vorgesehen. Auch danach wurden aber weiterhin Bürgerquartiere für die Garnison benötigt. Mit der Vergrößerung der Garnison entstanden auch private Kasernen und Massenquartiere. Privatkasernen gab es in der Harlunger Straße, der Bauhof- und Kurstraße, die meisten aber in der Marienstraße. Seit 1718 wurde die Musterwiese als Exerzierplatz genutzt. 1740, ein Jahr nach der Auflösung der "Langen Kerls", verlegte Friedrich II. das neu gebildete Regiment Prinz Heinrich von Preußen Nr. 35 nach Brandenburg. 1741 nach Madgeburg verlegt, kehrte es 1863 als Füsilier-(Infanterie-)Regiment zurück.

Für das 18. Jahrhundert sollen noch zwei Namen genannt sein: Heinrich August de la Motte Fouqué (1698 – 1774) und sein Enkel Friedrich de la Motte Fouqué (1777 – 1843). Die Fouqués stammten aus einer hugenottischen Familie. Heinrich wurde in Den Haag geboren und durchlief die militärische Laufbahn in preußischen Diensten. Nach kurzer Zeit in dänischen Diensten kehrte er 1740 als Oberst nach Preußen zurück. Er erhielt den Orden Pour le Mérite und den Schwarzen Adlerorden. 1758/59 geriet er in österreichische Gefangenschaft. 1759 wurde er zum General ernannt. Von 1760 an war er Dompropst in Brandenburg. Am 3. Mai 1774 verstarb er in Brandenburg. Sein Enkel Friedrich, Patenkind des preußischen Königs Friedrich II., wurde am 12. Februar 1777 in Brandenburg geboren. Bis 1802 diente auch Friedrich beim Militär. Nach der Heirat mit Caroline, geborene von Briest, lebte er überwiegend auf dem Familiensitz in Nennhausen und zeitweise in Berlin, nur unterbrochen von der Teilnahme an den Befreiungskriegen 1813. Berühmt wurde Friedrich als romantischer Dichter. In seiner Zeit war er der meistgelesene Schriftsteller. Sein größter zeitgenössischer Erfolg war der Roman "Der Zauberring". Heute noch bekannt ist er durch die Märchennovelle "Undine", die mehrfach als Oper vertont wurde. Friedrich de la Motte Fouqué verstarb am 23. Januar 1843 in Berlin. Er wurde auf dem dortigen Alten Garnison-Friedhof beerdigt. Die Brandenburger Stadtbibliothek neben dem Altstädtischen Rathaus trägt seinen Namen.

19. Jahrhundert: Aus einer Stadt der Handwerker und Ackerbürger wurde eine Industriestadt

Im 19. Jahrhundert entwickelte sich die Industrieproduktion. Die Eisenbahn revolutionierte den Verkehr – in Deutschland fuhr die erste Eisenbahn zwischen Nürnberg und Fürth – und die Elektrizität die Energiewirtschaft. 1812 entstand die Kruppsche Gussstahl-Fabrik, 1840 Fröbels Kindergarten, 1848 wurde in England der erste Kinderwagen zum Schieben entwickelt, 1849 wurde die erste Zigarette hergestellt, 1870 in Chicago die Fließbandarbeit eingeführt, in Leipzig entstanden 1866 Schrebergärten. Das 19. Jahrhundert brachte wichtige Erfindungen: 1867 entwickelte Alfred Nobel das Dynamit, 1876 Otto den Viertaktmotor, 1885 Daimler das erste Motorrad, 1886 Benz das dreirädrige Automobil. 1890 gelang Otto Lilienthal der erste Flug. Ab 1864 floss aus Siemens-Martin-Öfen der Stahl. Preußen verstaatlichte 1879 die Eisenbahn. 1813 beendete die Völkerschlacht bei Leipzig faktisch die napoleonischen Kriege. In Preußen wurden nach 1806 die Stein-Hardenbergschen Reformen wirksam, so 1808 die Städteordnung. Die bürgerliche Revolution von 1848 war ein nationaler Höhepunkt im 19. Jahrhundert. Am Ende des deutsch-dänischen Krieges 1864, des deutsch-österreichischen Krieges 1866 und des deutsch-französischen Krieges 1870/

29 Der Brandenburger Dom 1835 vor der Restaurierung *(Zeichnung v. Eduard Spranger, in: Mehr Anstand, Würde und Zweckmäßigkeit, Förderverein "Dom zu Brandenburg e. V." 2002)*

71 stand die Einheit Deutschlands mit der Kaiserkrönung von Wilhelm I. 1871. Die Einigung Deutschlands unter preußischer Herrschaft war vor allem ein Werk Otto von Bismarcks, der Reichskanzler wurde. 1896 wurde das Bürgerliche Gesetzbuch in Deutschland eingeführt.

Das 19. Jahrhundert war auch bedeutend für die Organisierung der Arbeiter in Europa. 1847 erschien das Kommunistische Manifest von Karl Marx und Friedrich Engels. Soziale Bewegungen, die die Emanzipation des arbeitenden Volkes zunehmend aus eigener Kraft begriffen, entstanden. Marx und Engels erwarteten eine siegreiche bürgerliche Revolution in Deutschland, die dem Proletariat den Weg zur Emanzipation ebnen sollte. 1863 gründete Ferdinand Lassalle den Allgemeinen Deutschen Arbeiterverein, und 1869 gründeten August Bebel und Wilhelm Liebknecht die Sozialdemokratische Arbeiterpartei Deutschlands. Beide Parteien vereinigten sich 1875 in Gotha. Der deutsche Staat reagierte auf die Organisierung der Arbeiter von 1878 bis 1890 mit dem sogenannten Sozialistengesetz.

Um 1800 war Brandenburg eine Ackerbürgerstadt, deren ganzer Aufbau und deren Ummauerung noch stark an das Mittelalter erinnerten. Es lebten 10 228 Einwohner in Brandenburg, mit dem Militär waren es 12 509. Von den 10 228 Einwohnern waren 109 Nachkommen der Hugenotten und 104 Juden. Nach F. W. A. Bratrings "Statistisch-topographischer Beschreibung der gesamten Mark Brandenburg" waren 1801 die Haupttätigen: 298 Tuchmacher, 84 Leineweber, 144 Tagelöhner (also ungelernte Arbeiter), 75 Ackerbürger, 12 Hirten, 65 Branntweinbrenner, 93 Branntweinschenker, 51 Brauer, 4 Braumeister, 30 Destillateure, 13 Gastwirte, 62 Weinmeister, 35 Weinschenker, 37 Bäcker, 37 Fischer, 19 Fleischer, 33 Gärtner, 79 Schuster, 19 Tischler, 6 Töpfer, 8 Maurer, 52 Schiffer, 69 Schiffsknechte, 55 Schneider. In der Stadt gab es 3 medizinische Doktoren, 6 Wundärzte, 2 Apotheker, 3 Hebammen, 17 Lehrer, 13 Prediger, 1 Buchdrucker, 1 Buchhändler, 2 Schornsteinfeger, 1 Tanzmeister. Zur Stadt gehörten auch 3 Bürgermeister, 4 Ratsmänner, 11 Magistratspersonen, 2 Scharfrichter, 1 Stadtmusikus. In den Fabriken produzierten 1929 Arbeiter Waren, vor allem Leinen, Woll- und Lederwaren.

Es fehlte Anfang des Jahrhunderts der Stadt noch der wirtschaftliche Aufschwung, in dessen Folge dann später die Lehm- und Holzhäuser verschwunden sind und der aus der Ackerbürgerstadt bis Ende des Jahrhunderts eine für die Mark Brandenburg bedeutende Industriestadt gemacht hat. Nur 166 der 1475 Häuser waren massiv, aber kein einziges war noch mit Stroh gedeckt. Es gab noch 75 Scheunen in Brandenburg.

Anfang des Jahrhunderts tobte der Krieg in Europa. Nach der Schlacht von Jena und Auerstedt im Krieg Frankreichs gegen Preußen zog am 25. Oktober 1806 Napoleons Marschall Bernadotte mit 25 000 Soldaten in Brandenburg ein. 16 000 von ihnen musste die Stadt in Quartier nehmen. Die Brandenburger begrüßten zwar bürgerlich-demokratische Reformen, wie sie von der Revolution in Frankreich ausgingen, aber nicht die Eroberer. Als am 22. September 1809 für eine Nacht 67 gefangene Schillsche Husaren im Ordonnanzhaus auf dem Transport nach Westen untergebracht wurden, veranstalteten Brandenburger Bürger und in der Stadt stationierte Kürassiere einen derartigen Tumult, dass 23 Gefangene fliehen konnten. Die Stadt Brandenburg ging aus den Kriegsjahren völlig verarmt hervor. 1821 hatte sie 209 000 Taler Schulden. Der Niedergang der alten "Chur- und Hauptstadt" ging so weit, dass sie 1816 ihre Stellung als kreisfreie Stadt verlor und in den Landkreis Westhavelland eingegliedert und dem Landrat in Rathenow unterstellt wurde.

Die am 13. November 1808 erlassene "Ordnung für sämtliche Städte der preußischen Monarchie" bedeutete einen großen Einschnitt in die städtische Verwaltung. Die Städteordnung übertrug den Städten die Autonomie für Haushalt, Steuern, Armenfürsorge, Kirchen-, Schul- und Gesundheitswesen. Damit wurden wichtige Forderungen der Bürger erfüllt, die eigenen Angelegenheiten selbst zu verwalten. Im Paragraphen 48 war festgelegt, dass die Bürger "in allen Angelegenheiten

31 Franz Ziegler
(Stadtmuseum Brandenburg)

des Gemeinwesens durch Stadtverordnete vertreten" werden. Die erste Wahl der Stadtverordneten – die Brandenburger konnten als große Stadt 60 wählen – fand am 3. April 1809 statt. Die erste Stadtverordnetentagung war am 4. Juni 1809. Erster Stadtverordnetenvorsteher wurde der Kaufmann Baebenroth.

Am 2. Dezember 1809 erschien die erste Ausgabe des "Brandenburger Anzeigers". 1824 nahm die Tuchfabrik Krüger die Arbeit auf, 1827 die von Krumwiede. Die erste Dampfmaschine in Brandenburg stand 1840. Ein großes Ereignis in der ersten Hälfte des 19. Jahrhunderts war 1846 die Eröffnung der Eisenbahnstrecke von Potsdam nach Magdeburg mit einem Bahnhof in Brandenburg.

Die städtische Entwicklung Mitte des 19. Jahrhunderts ist eng mit dem Wirken des Oberbürgermeisters Franz Ziegler verbunden. Franz Ziegler kam 1828 als

32 Königliche Straf-
anstalt 1848 am
Plauer Tor, vorne:
"Ratzengraben"/
Humboldthain
*(Stadtmuseum
Brandenburg)*

junger Justizkommissar an das Königliche Land- und Stadtgericht Brandenburg. Sein erfolgreiches Wirken führte ihn 1839 in die Stadtverordnetenversammlung. Zu der Zeit herrschten im Magistrat und insbesondere in der Kämmerei arge Missstände, die Ziegler wiederholt angriff. Von anderen aufgefordert, stellte sich Ziegler noch 1839 zur Wahl als Oberbürgermeister. Nach der Bestätigung der Wahl durch den preußischen König Friedrich Wilhelm IV. fand am 27. März 1840 die Amtseinführung statt.

Zieglers erster Erfolg als Oberbürgermeister war die Kabinettsorder des Königs vom 22. September 1840, die die Aufsicht des Landrates des Kreises Westhavelland über die Kommunal- und Polizeiverwaltung Brandenburg wieder aufhob. Die vollständige Kreisfreiheit erreichte aber Ziegler nicht, sie erhielt die Stadt erst zum 1. April 1881. Ziegler reformierte das Armen-, Kirchen-, Schul- und Forstwesen. Außerdem führte er die progressive Besteuerung der Bürger ein, dabei war das wirkliche Einkommen Grundlage der Steuerberechnung. Brandenburg war die erste Stadt in Preußen mit dieser progressiven Besteuerung. Aus 48 vorhandenen Kassen machte Ziegler drei große Kassen: die Kämmereikasse, in die auch die Steuern kamen, die Administrationskasse mit den staatlichen Zuschüssen und den Gewerbekassen und die Institutenkasse, die die gemeinnützlichen Stiftungen umfasste. Haupteinnahmequelle für die Stadt wurde die Bewirtschaftung der umfangreichen städtischen Forsten. Von 1839 bis 1846 verdreifachten sich die Einnahmen. Auf dem ehemaligen Stadthof der Altstadt im Anschluss an das Syndikatshaus entstand 1841/42 ein städtisches Krankenhaus, das bis zum Neubau am Marienberg 1901 die Brandenburger, vor allem die ärmere Bevölkerung, versorgte.

Eine wichtige Seite des Wirkens des Oberbürgermeisters Ziegler war die Vergrößerung der Öffentlichkeit der Arbeit des Magistrats und der Stadtverordnetenversammlung. So ließ er den Kämmereietat und einen Verwaltungsbericht als jährliche Rechenschaftslegung des Magistrats drucken. In langwierigen Verhandlungen mit den Stadtverordneten erreichte er, dass am 10. Februar 1848 die erste öffentliche Sitzung stattfand. Zur Öffentlichkeit gehörte seit 1847 auch das Adressbuch der Stadt, das besonders zum Bekanntmachen von Geschäften und Handwerksbetrieben wichtig war.

Franz Ziegler wurde am 26. Oktober 1848 im Nachbarkreis Zauch-Belzig in die Preußische Nationalversammlung gewählt. Als bürgerlicher Demokrat stimmte er dem Beschluss zur Steuerverweigerung zu. Am 2. Mai 1849 verfügte der preußische Innenminister die Suspendierung Zieglers vom Amt des Oberbürgermeisters. In letzter Instanz wurde Ziegler im Juni 1850 zu vier Monaten Festungshaft, einem Jahr Polizeiaufsicht, zum Verlust der Nationalkokarde und der Ehrenzeichen, zur Amtsenthebung und zur Erstattung der Gerichtskosten verurteilt.

Franz Ziegler starb am 1. Oktober 1876 in Berlin. Sein Grab befindet sich auf dem Neustädtischen Friedhof in Brandenburg.

Am 9. November 1848 verlegte der preußische König den Tagungsort der Nationalversammlung aus dem unruhigeren Berlin nach Brandenburg in den Dom. Die Mehrheit der Mitglieder der Nationalversammlung, darunter auch Franz Ziegler, empfand die Verlegung als unberechtigte Einmischung und erschien nicht zur ersten Sitzung im Dom am 27. November. Eine Beschlussfähigkeit der Nationalversammlung kam in Brandenburg nicht zustande. Am 5. Dezember löste der König die Nationalversammlung, deren Ziel die Erarbeitung einer Verfassung war, auf.

Die revidierte Städteordnung von 1831 enthielt Paragraphen über ein Ehrenbürgerrecht. Die Brandenburger Stadtverordnetenversammlung hatte schon 1827 den Rektor des Gymnasiums Friedrich Wilhelm Barth zu seinem 30jährigen Dienstjubiläum zum ersten Ehrenbürger der Stadt ernannt.

33 Das Haus des Tuchmacherfabrikanten Krumwiede Ecke Große Gartenstraße/Jakobstraße (*Slg. Kusior*)

31

Nach der Niederschlagung der Revolution von 1848 engten der König Friedrich Wilhelm IV. und die Regierung die Selbständigkeit der Städte wieder wesentlich ein. Im Mai 1849 erfolgte mit der Einführung einer Verfassung in Preußen das Inkrafttreten des Dreiklassenwahlrechts, das dann bis 1918 galt. Die Gemeindeordnung vom 11. März 1850 und die Städteordnung vom 30. Mai 1853 waren weitere Maßnahmen gegen die kommunale Selbstverwaltung.

Die Gründung des Deutschen Reiches 1871 und die damit beginnende rasche wirtschaftliche Entwicklung Deutschlands führten in Brandenburg zu einer neuen Industriestruktur. Die Nähe der Hauptstadt Berlin wurde zu einem neuen wichtigen Standortfaktor. Die Brandenburger Industrie entwickelte sich besonders stürmisch in den Jahren bis 1900. Es entstanden u. a. folgende Betriebe: 1871 die Brennaborwerke der Gebrüder Reichstein, 1867 die Schlosserei und 1887 die Schiffswerft Wiemann, 1874 die Elisabethhütte, 1879 die Spinnerei Kummerlé, 1885 die Erste Deutsche Fein-Jute-Garn-Spinnerei. Im September 1862 war das erste Gaswerk in der Schützenstraße betriebsfertig. In der Bauhofstraße entstand das Elektrizitätswerk, 1901 zuerst als Gleichstromwerk, 1910 erfolgte die Umstellung auf Wechselstrom. Im Altstädtischen Forst entstand in den Jahren 1893 bis 1895 ein städtisches Wasserwerk mit einem Hochbehälter auf dem Marienberg. 1890 übergab Oberbürgermeister Reuscher in der Wilhelmsdorfer Vorstadt den Schlachthof.

Mitte der siebziger Jahre fiel auch die Entscheidung über umfangreiche Kasernenbauten in Brandenburg: 1881 wurde die Kürassierkaserne und 1882 die Füsilierkaserne übergeben. Kurz vor dem Ersten Weltkrieg standen dann auch die Artilleriekasernen.

Von 1875 bis 1900 stieg die Einwohnerzahl um 70 Prozent. 1900 hatte Brandenburg 45 471 Einwohner. Mit der Entwicklung zur Industriestadt erhöhte sich stetig der Anteil der Industriearbeiter an der Gesamtbevölkerung, und mit der Bildung von Organisationen der Arbeiter veränderte sich das politische Leben in der Stadt. 1875 waren in der Industrie 3035 Beschäftigte, 1900 schon 8730, darunter allein 4300 in der Metall- und Spielwarenindustrie. Die erste eigenständige Organisation der Arbeiter war die am 21. November 1868 gegründete Ortsgruppe des Allgemeinen Deutschen Arbeitervereins, zu dessen Zentren mit 400 Mitgliedern 1875 die Stadt sehr bald gehörte. Eine Ortsgruppe der Sozialdemokratischen Arbeiterpartei gab es nicht. Die Jahre des sogenannten Sozialistengesetzes überstand die Partei, nach dem 1. Oktober 1890 wurde eine breite Parteiarbeit aufgebaut. 1897 wurden erstmals fünf Kandidaten der SPD in die Stadtverordnetenversammlung gewählt. Zu ihnen gehörte Otto Sidow, der der bedeutendste Brandenburger Arbeiterfunktionär werden sollte. Am 26. Juni 1892 erfolgte in Brandenburg die von Otto Gartz angeregte Gründung des "Märkischen Arbeiterturnerbundes".

34 Die ersten Brandenburger Sozialdemokraten 1868 bis 1873 *(Otto Sidow, Durch Sturm und Drang, Brandenburg/H. 1927, S. 87)*

Mitglieder=Verzeichnis.

Lfd. Nr.	Vor= u. Zuname	Beruf	Wohnort	Datum des Eintritts	Bemer=kungen
1.	Albert Gröpler	Tuchmacher	Brandenburg	26. 11. 68	
2.	Anton Mischke	Schuhmacher	„	„	
3.	August Thiem	Tuchmacher	„	„	
4.	Gustav Schulze	„	„	„	
5.	Wilhelm Knöllner	Seidenwirker	„	„	
6.	Friedrich Braun	Schuhmacher	„	20. 12. 68	
7.	Albert Balz	Zigarrenmach.	„	„	
8.	Heinrich Meyer	Tuchmacher	„	15. 1. 69	
9.	August Koch	Töpfer	„	20. 2. 69	
10.	Karl Werlitz	Dachdecker	„	7. 6. 69	
11.	Karl Lühnsdorf	Tuchmacher	„	5. 3. 70	
12.	Otto Schumacher	„	„	1. 5. 70	
13.	Karl Schacht	Seidenwirker	„	„	
14.	Wilhelm Busse	Maurer	„	2. 1. 73	abgereist
15.	Friedrich Lange	Vergolder	„	3. 3. 73	

Das Mitgliederverzeichnis des Allgemeinen Deutschen Arbeitervereins.

20. Jahrhundert: Brandenburg hatte als Industriestadt überregionale Bedeutung

Auto, Flugzeug, Radio, Fernsehen, Raumfahrt ließen die Völker enger zusammenwachsen. In jeder Sekunde ist bekannt, was wo geschieht. Rationalisierung, Automatisierung vervielfachten die Produktion. Erdöl, Erdgas, Atomkraft deckten den wachsenden Energiebedarf. Die ungleiche Verteilung ließ aber die Hälfte der Menschheit in Hunger und Not. Der Erste und der Zweite Weltkrieg bestimmten wesentlich das 20. Jahrhundert. Der Sozialismus/ Kommunismus wurde in einem Teil der Erde zur staatstragenden Ideologie, aber zum Ende des Jahrhunderts in dieser Stellung wieder beseitigt. Fehlende ökonomische Effektivität und das Fehlen politischer und demokratischer Rechte führten zu dem Scheitern.

35 Der Steintorturm als Sparbüchse um 1900
35 Ein Brennabor-Spielzeug-Limousine von 1930 bis 1936, beides vom Patentwerk E. P. Lehmann, um 1910 (*Stadtmuseum, Foto: Salge*)

36 Die Brandenburger Gruppe der Arbeiterjugend, um 1908, links: Erich Baron, Redakteur der Brandenburger Zeitung, November 1918 bis Februar 1919 Vorsitzender des Arbeiter- und Soldatenrates (*Foto: Privatbesitz W. Kusior*)

37 Die St. Annen-
straße war am 30. Mai
1912 für die Hohen-
zollernfeier festlich
geschmückt
*(Foto: Stadtarchiv
Brandenburg)*

38 Generalstreikauf-
ruf gegen den Kapp-
Putsch März 1920
*(Stadtarchiv Bran-
denburg)*

Im 20. Jahrhundert hatte die Stadt wieder überregionale Bedeutung. Nach dem 14. Jahrhundert ist das 20. Jahrhundert das bedeutendste: Brandenburg wurde Industriestadt. Von 1912 bis 1914 und ab 1950 entstanden Stahl- und Walzwerke. Stahl wurde nach dem Siemens-Martin-Verfahren erzeugt. 1912 war das ein neuer Schritt: weg von den Rohstoffen Kohle und Erz, hin zum Verbraucher, zum Schrott als Rohstoff. Die Brennaborwerke der Gebrüder Reichstein entwickelten sich zur größten Kinderwagenfabrik und zum größten Fahrradwerk Deutschlands, kurzzeitig sogar zum größten PKW-Produzenten. Die patentierten mechanischen Blechspielwaren von Ernst Paul Lehmann und die Lineol-Figuren von Oskar Wiederholz brachten einen weltweiten Vertrieb dieser Produkte.

Ab 1914 hatte Brandenburg mit Franz Schleusener einen Oberbürgermeister, der die Stadt mit großer Umsicht und Tatkraft durch die schweren Kriegs- und Nachkriegsjahre führte. In der Novemberrevolution 1918 entstand auch in Brandenburg ein Arbeiter- und Soldatenrat. Deren bedeutendster Vertreter war Erich Baron, Redakteur der sozialdemokratischen "Brandenburger Zeitung" und Stadtverordneter der SPD. Am 23. Januar 1919 wurden die Anhänger des Spartakusbundes zum Rücktritt gezwungen. Erich Baron verließ die Stadt und zog nach Berlin. Beim Kapp-Putsch 1920 bildeten die Ortsorganisationen der SPD, USPD und KPD einen gemeinsamen Ortsausschuss, der den Generalstreik proklamierte und organisierte. Die konsequente Durchsetzung des Generalstreiks brachte einen Erfolg. Die Brandenburger Einwohner hatten durch brutales Vorgehen einrückender Truppen fünf Tote zu beklagen.

39 Einweihung der Jahrtausendbrücke 1929 anläßlich der Jahrtausendfeier Brandenburgs *(Stadtarchiv Brandenburg)*

Ein Höhepunkt für die Brandenburger war 1929 die Jahrtausendfeier, die sich auf die in der Chronik des Widukind von Corvey beschriebene Eroberung der slawischen Burg auf der heutigen Dominsel im Winter 928/29 bezog. Zu diesem Jubiläum legte der Stadtarchivar Otto Tschirch seine Stadtgeschichte vor, die bisher einzigartig ist.

Nach 1918 bis 1933 war die SPD in Brandenburg die stärkste politische Kraft. Von 1920 bis 1933 stellte sie den Oberbürgermeister. Der bedeutendste sozialdemokratische Funktionär war Otto Sidow (1857 – 1927). Er war von 1898 bis 1927 Stadtverordneter und ab 1896 Geschäftsführer der Druckerei und des Verlages der "Brandenburger Zeitung". Der bedeutendste Funktionär der KPD war Max Herm (1899 – 1982). Er war von 1927 bis 1933 Stadtverordneter. 1932 wurde er in den Deutschen Reichstag gewählt. Nach dem Zweiten Weltkrieg war er 1945 und von 1957 bis 1965 Oberbürgermeister in Brandenburg.

Das Territorium der Stadt hat sich im 20. Jahrhundert durch Eingemeindungen wesentlich erweitert: 1928 Gutsbezirke Burg-Brandenburg, Neustadt-Forst, Plauerhof, 1929 Dombezirk und Neuendorf, 1937 Wilhelmsdorf, 1952 Plaue und Kirchmöser, 1992 Göttin, Mahlenzien, Schmerzke, 1993 Klein Kreutz.

In der NS-Zeit von 1933 bis 1945 wurde Brandenburg mit dem Bau des modernsten Lastkraftwagenwerkes durch Opel, die Arado-Flugzeugwerke und die Umstellung bzw. Erweiterung der bestehenden Betriebe zu einem Zentrum der Rüstung. Die Garnison wurde ausgebaut. Unrühmliche Bekanntheit erreichte die Stadt durch Stätten des Terrors. Von August 1933 bis Februar 1934 befand sich im Alten Zuchthaus ein staatliches Konzentrationslager. Gertrud Piter, gewählte kom-

40 Friedrich Ebert jun. auf dem Reichsbanner-Gau-Tag am 28. Mai 1928 in Brandenburg *(aus: Brandenburgische Geschichte, hsg. von Ingo Materna u. Wolfgang Ribbe, Berlin 1995)*

41 Das Opel-Werk
1936 bis 1945 *(aus
der Jubiläumsschrift
des Unternehmens)*

munistische Stadtverordnete vom 12. März 1933 und Mitglied der ersten illegalen Leitung des Unterbezirks Brandenburg der KPD, wurde am 22. September 1933 dort ermordet. Im gleichen Gebäudekomplex wurden 1940 fast 10 000 Menschen im Rahmen der sogenannten Euthanasie ermordet. Im Januar 1940 begannen im Zusammenwirken von Staatsapparat, Medizinern, Juristen und Industriellen "Probetötungen" durch Kohlenoxidgas. Das Zuchthaus auf dem Görden, als modernstes Zuchthaus Europas erbaut, erhielt 1940 eine offizielle Hinrichtungsstätte. 1 722 politische Gefangene aus 17 Staaten Europas fanden hier den Tod. Im Zuchthaus auf dem Görden waren auch Robert Havemann und Erich Honecker nach ihren Verurteilungen inhaftiert. Nach größeren Luftangriffen und einwöchigen Straßenkämpfen endete am 1. Mai 1945 die NS-Zeit in Brandenburg mit der Eroberung durch die sowjetische Armee.

In den Jahren nach 1945 wurde Brandenburg in der DDR besonders als bedeutendste stahlerzeugende Stadt im Land bekannt. Ein Drittel der Stahlproduktion der DDR kam aus dem Stahl- und Walzwerk Brandenburg (SWB).Es entstanden in Brandenburg die großen Neubaugebiete Nord und Hohenstücken. Die Innenstadt mit den historischen Zentren der Alt- und Neustadt zerfiel gleichzeitig zusehends. 1963 begann die Städtepartnerschaft mit der französischen Stadt Ivry-sur-Seine. Es folgten Städtepartnerschaften mit Kaiserslautern und Magnitogorsk.

42 Gedenktafel zur Erinnerung an die Vergasungsaktion T 4 (Euthanasie), welcher auf dem Hof des alten Zuchthauses am Nikolaiplatz 1940 9972 Menschen zum Opfer fielen. Enthüllung der Tafel an der Mauer am Nikolaiplatz am 8. September 1962 *(aus: Bogedain & Heß, Revolutionäre Gedenkstätten in Brandenburg, Brandenburg 1985)*

44 Teilansicht des Stahl- und Walzwerks von *Mittelstahl* vor 1945 *(Sammlung Kusior)*

43 Die 1945 gesprengte Jahrtausendbrücke war bis 1947 für den Straßenbahn und Kraftwagenverkehr unpassierbar. Für Fußgänger bestand eine Notbrücke *(Sammlung Kusior)*

45 Das Stahl- und Walzwerk / SWB 1950 bis 1993 *(Sammlung Kusior)*

46 Oberbürgermei-
ster Max Herm (im
Bild links) 1964 bei
den 2. Havelfest-
spielen *(Foto: Bruno
Wernitz)*

47 Brandenburg
Nord, Brielower
Straße – Ecke Wer-
ner-Seelenbinder-
Straße *(Sammlung
Kusior)*

In den Protesten vom Herbst 1989 wurden die Forderungen nach Demokratie und Freiheit zur Zielstellung für viele Bürger, unabhängig von ihrer politischen Einstellung. Seit 1990 stellt die neugegründete SPD-Ortsgruppe wieder den Oberbürgermeister. Mit der Gründung der Fachhochschule 1992 wurde erstmals in Brandenburg ein Hochschulabschluss möglich.

48 Bundeskanzler Helmut Kohl 1998 auf dem Altstädt. Markt
(Foto: René Rohr)

49 Die Fachhochschule in der alten Kürassierkaserne
(Foto: Amt für Wirtschaftsförderung Brandenburg)

50 Bundeskanzler Gerhard Schröder 2002 in Brandenburg (Foto: Norbert Plaul)

39

Nachbemerkungen

Ein wechselvolles Jahrtausend liegt hinter unserer Stadt Brandenburg. Im 12. Jahrhundert als städtische Siedlungen entstanden, als Alte und Neue Stadt im 13. bis 15. Jahrhundert zu den bedeutendsten Orten der Mark Brandenburg herangewachsen, begann im 15. Jahrhundert die Stagnation, kam es ab dem 16. Jahrhundert zur politischen Bedeutungslosigkeit. Der Dreißigjährige Krieg gefährdete im 17. Jahrhundert sogar die Existenz beider Städte. Zwei Jahrhunderte benötigte die Stadt, um diese Kriegsfolgen zu überwinden. Im 19. und 20. Jahrhundert wurde die alte "Chur- und Hauptstadt" der Mark Brandenburg zum bedeutendsten Industriestandort auf dem Territorium der alten Mark Brandenburg.

Zum Ende des Jahrtausends wurde die Stadt Brandenburg Oberzentrum im Land Brandenburg, damit kamen Landesverwaltungen nach Brandenburg, und Brandenburg wurde Hochschulstandort. Mit der Zahnradfabrik, den Heidelberger Druckmaschinen, dem Riva-Stahl- und Walzwerk ist Brandenburg weiterhin ein wichtiger Industriestandort. Aber fast 20000 Einwohner haben die Stadt im letzten Jahrzehnt des 20. Jahrhunderts verlassen. Hohe Arbeitslosigkeit und Perspektivlosigkeit sind aber nicht nur Probleme der Stadt Brandenburg an der Havel. Das Stadtzentrum muss attraktiver werden. Das historische Erbe muss stärker für die Identifizierung der Einwohner mit ihrer Stadt genutzt werden. Die märkische Landschaft in und um Brandenburg bietet viele Ansatzpunkte, um Touristen in die Stadt zu holen.

Zum Schluss ein Zitat: "Der Eindruck des Brandenburger Stadtbildes ist von sehr verschiedenartigen und entgegengesetzten Merkmalen durchsetzt. Man kann diese märkische Stadt außerordentlich lieben und gleichzeitig von mancher ihrer Eigentümlichkeiten abgestoßen und ernüchtert werden." Das Zitat könnte von heute sein, ist aber schon von 1915, Bruno Taut veröffentlichte es am 18. Dezember 1915 in der "Brandenburger Zeitung". Vielleicht sind es besonders die Gegensätze, die uns zur Liebe zu unserer Stadt Brandenburg führen können.

51 Schließe aus der Pluviale eines Chorherren, kurfürstliche Schenkung; Pluviale: Chormantel / Meßgewand, wörtlich: Regenmantel, *(Dommuseum Brandenburg, Foto: Salge)*

52 Älteste Ansicht der Altstadt, von Zacharias Garcaeus 1582 *(aus Otto Tschirch, Geschichte der Chur- und Hauptstadt Brandenburg, Brandenburg 1928, Bd.I)*

53 Epitaph in der St. Gotthardt-Kirche von H. Trebaw 1586 *(Foto:Salge)*

54 Wappen der Neustadt, 1586 auf bleigefaßter Butzenscheibe, vermutlich vom Schöppenstuhl, aber auch von einem älteren Fenster des Neust. Rathauses möglich (Stadtmuseum, Foto: Salge)

55 Gedenktafel der 100 Tuchmacher der Altstadt in der St. Gotthardtkirche 1624 *(Foto: Salge)*

56 Mühlendamm mit dem Neustädt. Mühlentorturm 1790 *(Stadtmuseum, Foto: Salge)*

57 Ansicht von Brandenburg 1590, Johannes Ruischer (?), um 1650 (Stadtmuseum, Foto: Salge)

58 Altstädt. Mühlentorturm 1790, Alberti *(Stadtmuseum)*

59 Steintor 1836, Künstler unbekannt *(Stadtmuseum)*

60 Einzug der Franzosen am 25. Oktober 1806 in Brandenburg, vermutlich Marschall Bernadotte, unbekannter Künstler
(Stadtmuseum, Foto.Salge

61 Altstädt. Rathaus um 1840, A. Eisfeld (*Stadtmuseum, Foto: Salge*)

62 Neustädt. Rathaus mit Wache 1818, Kopie einer Schützenscheibe, Gertrud Schendel *(Stadtmuseum, Foto: Hilgenfeld)*

63 Fahne des Brandenburger Handwerkervereins 1848 (*Stadtmuseum, Foto: Salge*)

64 Brandenburg und der optischen Telegraph auf dem Marienberg, um 1840, Bott *(Stadtmuseum, Foto.Salge)*

65 Dominsel von Brandenburg mit Dampfsägewerk um 1900, unbekannter Künstler *(Stadtmuseum, Foto. Salge)*

66 Silokanal mit Panzerwerk, im Hintergrund die Mitteldeutschen Stahlwerke in Brandenburg 1941, Karl Säwert *(Stadtmuseum)*

Vor- und Frühgeschichte – bis 928 n.Chr.

2.Jh.v. Chr. Herausbildung des germanischen Stammes der **Semnonen** aus dem Bereich der soge-nannten Jastorf-Kultur zwischen Elbe und Oder (wahrscheinlich im 5.Jh.v. Chr. aus Nordeuropa zugewandert). Die Semnonen können als Kernstamm des Volkes der Sueben (etwa "Schwaben") östlich der Elbe angesehen werden.

3.Jh.n.Chr. bis Ende des 6.Jh. n.Chr. **Abwanderung** suebischer Bevölkerungsteile nach Süden und Südwesten (in Richtung Donau-Rhein), dort als Kern der Alemannen Zusammenstöße mit den Römern. Größe-re Abwanderungen setzen jedoch erst mit dem 4. Jahrhundert ein. Von den semnonischen Gruppen ist ein dem Wort *Brandenburg* entsprechender Name für eine ursprüngliche germanische feste Siedlung auf der Dominsel überkommen.

Nach 600 Älteste slawische Funde der "Prager Keramik" um Brandenburg aus der Zeit um 700 weisen das **Vordringen slawischer Siedler** der sogen. Prag-Korcak-Kultur seit Anfang des 7.Jhs. nach, welche aus dem ursprünglichen Raum zwischen mittlerer Donau und den Karpaten nach Böhmen und in kleineren Gruppen bis in das Gebiet von Havel und Spree vorgedrungen waren.

789 Expedition von Kaiser **Karl dem Großen** auf der Havel, vermutlich auch bis zur slawi-schen Brandenburg und weiter bis zur Uckermark. Die fürstliche Hauptburg der **Stodorani** (oder *Heveller*) war die Burg Brandenburg auf der heutigen Dominsel.

Um 850 Ersterwähnung der slawischen *Heveldi*/Heveller durch den *Baierischen Geograph*. Dem-nach besaßen sie das bedeutendste Siedlungsgebiet im Raum der späteren Mark Bran-denburg, welches sich von Pritzerbe (*Pricervi*) bis Potsdam (*Poztupimi*) erstreckte. Dazu gehörten 8 größere Siedlungen (*civitates*) mit Brandenburg als Zentrum.

Bedrohung und Abwehr, wechselnde Herrschaft in der Brandenburg – 928 bis 1157

928/29 **Eroberung** der Brandenburg durch König Heinrich I. im Winter über das Eis (durch "*Hunger, Schwert und Kälte*"/"*fame, ferror, frogore*") nach einer längeren Belagerung. Chronikalische **Ersterwähnung** der Brandenburg in diesem Zusammenhang im Jahre 967 in der vom sächsischen Mönch **Widukind von Corvey** verfaßten Chronik.

Dieser Feldzug hatte vor allem das Ziel, der Gefahr eines Bündnisses zwischen Slawen und Ungarn an der Ostflanke des sich konstituierenden Deutschen Reiches zuvorzu-kommen. Das hevellische Fürstengeschlecht war durch seine Fürstentochter Dragomira mit den mächtigen böhmischen Przemysliden verwandschaftlich verbunden. Begrün-dung des Anspruches des deutschen Königs auf diesen bedeutenden Herrschafts-mittelpunkt im Mittelabschnitt zwischen Elbe und Oder.

Nach 929	**Aufstand der Redarier** (Slawen im mecklenburg. Raum), bis in das Havelland erfolgreich. Die Brandenburg ist wahrscheinlich wieder in slawischer Hand.
937	**Otto I.** (seit 936 König und ab 962 Kaiser) setzt **Gero als Markgraf** für die Region östlich der mittleren Elbe ein. Mit äußerster Härte übt dieser bis 965 seine Macht gegenüber den Hevellern aus und erweitert seinen Machtbereich um 963 bis zur Oder. Nach seinem Tode 965 Übernahme der Markgrafschaft der Region um die Brandenburg durch andere Grafengeschlechter (u.a. der von Haldensleben) - nun als *Nordmark*.
Um 940	**Verrat** durch den Hevellerfürsten **Tugumir**; Gero läßt auf einem Gastmal etwa 30 Slawenfürsten ermorden. Unterwerfung aller slawischen Stämme bis zur Oder.
948	Stiftung des **Bistums Brandenburg** durch Otto I. (nach neueren Erkenntnissen durch Prof. Helmut Assing ist das Stiftungsjahr 965 nicht unwahrscheinlich). Errichtung eines ersten wahrscheinlich hölzernen Kirchenbaus neben der Burg. Ein Teil der Burginsel wird dem Bistum übereignet. Das Bistum ist vorerst dem Erzbistum Mainz unterstellt und dann ab 968 (mit dessen Errichtung) dem Erzbistum Magdeburg. Erster größerer Versuch der Christianisierung dieses Gebietes. Das steht im Zusammenhang mit der Errichtung eines (magdeburgischen) Bistums in Posen 966 nach dem Übertritt des Polenherzogs Miezko I. 963 zum Christentum.
Um 950	Slawenaufstand
983	**Umfassender Slawenaufstand.** Lutizenaufstand von Mecklenburg über Havelberg bis Brandenburg. Vertreibung der Deutschen am 2. Juli aus der Brandenburg. Aufgabe des Bistums Brandenburg. Die Bischöfe halten sich von nun an vorwiegend am Hofe des Erzbischofs von Magdeburg auf. Auch die Reihe der Markgrafen wird fortgesetzt. Zerstörung der ersten Kathedralkirche.
991, 992 und 996	**Deutsche Belagerungen** der Brandenburg mit wechselndem Ergebnis. 996 schließt Kaiser Otto III. einen Frieden mit den Slawen, womit die Brandenburg für lange Zeit der deutschen Herrschaft verloren bleibt. Von 928 bis 996 waren im Havelland 68 Jahre Krieg geführt worden.
Zwischen 1127 und 1130	**Albrecht** von Ballenstedt (aus dem Geschlecht der Askanier), genannt "Albrecht der Bär", gelingt es, von Pribislaw, Fürst der Heveller auf der Brandenburg, die Zusicherung für die Erbnachfolge zu erlangen. Zugleich überträgt Pribislaw dem ältesten Sohn Albrechts den südöstlichen Teil seiner Herrschaft (Zauche südlich der Havel in Richtung Lehnin).

1134   Albrecht wird von König Lothar III. mit der **Nordmark** belehnt (ursprüngliche *Nord-mark*: Gebiet an der Niederelbe; nach dem Tode des Markgrafen Gero 965 Gebiet um die Brandenburg). Ersterwähnung Albrechts als *Markgraf von Brandenburg* in einer (nicht als echt erwiesenen) Urkunde Lothars vom 15. Mai 1136 als "*marchio Brandenburgensis*".

1136   Ersterwähnung der St.Petrikapelle in der Burg Brandenburg. **Pribislaw** tritt zum Christentum über. Er nennt sich jetzt Pribislaw-Heinrich.

1140   Pribislaw erteilt den **Prämonstratenserkanonikern** aus dem Kloster Leitzkau die Niederlassungserlaubnis für Brandenburg (9 Mönche). Gründung des Prämonstratenser-Chorherrenstifts durch Bischof Wigger in Leitzkau. Wahrscheinlicher Baubeginn der ursprünglichen **St. Gotthardtkirche** am Parduin.
Der Westbau aus Feldsteinen stammt noch von diesem Erstbau und ist der älteste Steinbau der Mark Brandenburg. Die Gründung eines Prämonstratenserkonvents bei der Kirche erfolgt 1149. Unter Pribislaw beginnt auch die Münztätigkeit (*Brandenburger Agrippina*). Damit ist Brandenburg die älteste von 30 Prägestätten der Mark; letzte nachweisbare Prägung: 1517.

1147   Pribislaw läßt das dreiköpfige **Triglaw-Heiligtum** auf dem Harlunger Berg beseitigen (Aufbewahrung in der Marienkirche bis zum 16. Jhdt., danach verschollen) und unterwirft sich in Leitzkau dem Schutz des Reiches.

1150   **Tod Pribislaws** (geb. um 1127); er hinterläßt keine Nachkommen. Albrecht bemächtigt sich mit Hilfe der Witwe Pribislaws **Petrussa** der Brandenburg, muß sie jedoch 1153 aufgeben und dem Fürsten auf Köpenick Jaxa - ein Verwandter Pribislaws - überlassen.

Bis 1157   Kämpfe Albrechts des Bären mit Jaxa von Köpenick um die Brandenburg, in die er im Juni 1157 gemeinsam mit dem Erzbischof Wichmann von Magdeburg einziehen kann. Albrecht nennt sich jetzt *Markgraf von Brandenburg*. Damit ist die **Herrschaft der Askanier in Brandenburg** begründet.

Nach 1160   Ein **Burggraf**, der anstatt des Markgrafen in königlichem Auftrag die Burg beherrscht, wird in Urkunden genannt.

Askanierzeit, Stadtentstehung und Blütezeit Brandenburgs als Hauptort der Mark – 1157 bis 1319

1161   Bischof **Wilma**r erhebt den Prämonstratenserkonvent zu einem Domkapitel. Die Übersiedlung zur Burginsel erfolgt am 8. September 1165. Die St.Gotthardtkirche wird Pfarrkirche der Altstadt unter dem Patronat des Domkapitels.

1165   Baubeginn der **Domkirche** Peter und Paul als romanische Basilika, Grundsteinlegung am 11. Oktober 1165, erster Bauabschnitt bis 1190, Vollendung unter Bischof Gernand zwischen 1222 und 1241.

Im 14. Jh. frühgotischer Umbau, Einbau der Krypta, Anbau der Sakristei, Bunte Kapelle. 1426 Erneuerung der äußeren Mauer des südlichen Seitenschiffes, 1834-36 erfolgen umfangreiche Erneuerungen; die Westseite und der Turm erhalten ihre jetzige Gestalt (Schinkel).

1170   Albrecht der Bär stirbt am 18.11. in Stendal. Sein Sohn **Markgraf Otto I.** erteilt zu Havelberg anläßlich seines Regierungsantritts der **Altstad**t Brandenburg ein großes Privileg. **Ersterwähnung** derselben im Bereich der bisherigen slawischen Siedlung **Parduin**. Benennung des Bischofssitzes, der königlichen Burg Brandenburg und ihres "Ablegers", der neuentstandenen städtischen Kaufmannssiedlung, als *"Vornehmste im Lande des Markgrafen"* (Urkunde von 1170 im Stadtarchiv Brandenburg), ausgestattet mit dem Recht der Zollfreiheit in der Mark.

Um 1170   Im Ort **Luckenberg**, westlich der Altstadt, wird eine romanische Basilika, die Nikolaikirche, errichtet (Ersterwähnung 1174). Die agrarische Kaufmannssiedlung Luckenberg - vermutlich eine markgräfliche Siedlung - wird 1249 mit der Altstadt vereinigt.

Die Nikolaikirche wird 1467 nach längerem Verfall erneuert.

1173   Auf dem Harlunger Berg wird eine **Weinkultur** erwähnt. Sie dürfte die früheste in der ganzen Mark gewesen sein.

1196   **Ersterwähnung der Neustadt**. Eine Urkunde der markgräflichen Brüder Otto II. und Albrecht II. aus diesem Jahr an den Erzbischof von Magdeburg gerichtet bezeichnet Brandenburg als *"Hauptstadt unserer Mark"*.

Die Ausstattung der "neuen Stadt Brandenburg" als Handelsstadt mit besonderen Privilegien, insbesondere mit der Zollfreiheit in der gesamten Mark, übertrug sich vermutlich auch auf diese aus dem Großen Privileg Otto I. von 1170. Die Begründung der Neustadt war schon vor 1196 erfolgt, vermutlich noch durch Markgraf Otto I. (Regierungszeit bis 1184) und wahrscheinlich in Konkurrenz zur *königlichen* Altstadt. Erste askanische Stadtgründung; planmäßige Straßenanlage mit außergewöhnlich großangelegten Hauptachsen: St.Annenstraße - Steinstraße.

1197   **Ersterwähnung von Plaue**, einer Siedlung von Handwerkern, Kaufleuten, Bauern und wendischen Fischern bei der Burg des Heinrich von Plaue, einem Lehnsträger des Erzbischofs von Magdeburg.

Die strategisch exponierte Rolle von Burg und Siedlung Plaue ergeben sich aus der Lage am Flußübergang auf dem herkömmlichen Handelsweg von Magdeburg über Brandenburg nach Spandau und aus der Grenzlage zwischen dem erzbischöflichen Magdeburg und der askanischen Mark Brandenburg vor den Toren der Städte Brandenburg.

1204   Ersterwähnung eines **Hospitals**. Das St. Spiritushospital befindet sich im wendischen Kietz in der heutigen Mühlentorstraße gegenüber dem heutigen Altstädt. Kietz vor der späteren Homeyenbrücke.

1217   Eine "*neue Brücke*" (heutige **Homeyenbrücke**) im Zuge des *Alten Dammes* (heute Grillendamm) erscheint in einer Urkunde. Erste Verbindung zwischen Neustadt, Dominsel und Altstadt.
In dieser Zeit werden Staudämme mit Mühlen zur Dominsel angelegt, und die beiden Städte werden mit Wehrgräben umgeben. Der **Havelstau** Anfang des 13.Jh. nördlich und südlich der Dominsel macht einen Umgehungsgraben für die Schiffahrt um die Neustadt notwendig. Kanalbau Flutgraben und Jakobsgraben (bis 1551 genutzt).
Ersterwähnung der **St. Katharinenkirche** als Pfarrkirche der Neustadt. Sie steht unter markgräflichem Patronat. Abbruch der alten Kirche 1395. Neubau bis 1401 (Baumeister Heinrich Brunsberg aus Stettin).

1220   Wahrscheinlicher Baubeginn der **Marienkirche** auf dem Harlunger Berg. Die Marienkirche ist eine der schönsten und wertvollsten Kirchen zu jener Zeit in Deutschland. Der Grundriß des viertürmigen Zentralbaus bildete ein griechisches Kreuz. Diese Kirche war Ziel großer Prozessionen, z. B. am 8. 9. 1375.

1229   An der alten Heerstraße in Höhe des **Planeüberganges** findet eine kriegerische **Auseinandersetzung** zwischen den auf der Seite der Welfen stehenden Brandenburgern und den hohenstaufisch gesinnten **erzbischöflichen Magdeburgern** (Erzbischof als weltlicher Herrscher) statt.

1232   Spandau wird von den askanischen Markgrafen angewiesen, sein **Stadtrecht** von Brandenburg zu holen (älteste *Tochterstadt* Brandenburgs).
Die rechtliche *Vernetzung* der neu entstandenen Städte im Zuge der Kolonisierung Ostdeutschlands erfolgte durch den *Rechtszug*, d.h. die Verleihung des Stadtrechtes durch Mutter- an Tochterstädte. So erhielt Brandenburg von der *Hauptstadt des deutschen Ostens* Magdeburg sein Stadtrecht, vergab es weiter an etliche märkische Städte, zuerst an Spandau. Von dort "zog" das Stadtrecht weiter nach Berlin, von dort nach Frankfurt/Oder ect. Das Stadtrecht enthält detaillierte Handels- und Gewerbe-Rechtssätze, später auch Regeln für Verwaltung und Justiz.

1234   Die Altstadt erwirbt einen Teil der Altstädtischen Forst und 1290 das Dorf Brielow. Erweiterung des **Grundbesitzes der Altstadt** 1307 durch weitere Teile der heutigen Altstädt. Forst, 1324 durch die Plauer Heide, 1336 durch Hof und See zu Görne (Gördensee) und 1409 durch das Dorf Radewege.

1238   Die **Burg** auf der Insel hatte ihre Bedeutung als Grenzfestung verloren. Das **Burggrafenamt** war 1234 abgeschafft worden (bis dahin ausgeübt von Dornburger Grafen und Lehnsherren von Belzig). Die Markgrafen überlassen dem Brandenburger Bischof die gesamte Burginsel.

1240   Verlegung des **Franziskanerklosters** von Ziesar nach Brandenburg. Baubeginn am Salzhof. Der Ausbau der Johanniskirche wird in der ersten Hälfte des 15. Jh. beendet.

Nutzung des Klosters durch die Mönche z.T. als Hospital und Armenasyl. Auflösung des Franziskaner-Klosters 1577, danach Nutzung als Brauerei und Salzspeicher. Nach der Reformation wird die Kirche bis 1806 von 4 verschiedenen Konfessionen genutzt (erste ökumenische Kirche im Havelland). Ab Mitte des 19. Jh. gehört sie der ev. reformierten Gemeinde.

1241   Altstadt und Neustadt erhalten die niedere Gerichtsbarkeit. Im Jahre 1315 erfolgt die Bestätigung des *Schöppenstuhls* der Neustadt als höchste Dingstätte und oberste Instanz für die ganze Mark ohne Berufung. Gleichrangige markgräfliche Rechtszuweisung 1324 auch für die Altstadt. Ab etwa 1348 haben die Brandenburger Schöffen einen gemeinsamen Schöppenstuhl. Im Jahre 1375 wird das Obergericht durch Kaiser Karl IV. an die Altstadt verpfändet, und 1386 erwirbt die Neustadt das Obergericht für 100 Schock böhmische Groschen.

1244   **Zerstörung der Plauer Brücke** durch Soldaten des Erzbischofs von Magdeburg. Die wichtigste Fernstraße über Plaue durch die Altstadt Brandenburg nach Spandau verläuft nun über Ziesar und durch die Neustadt.

1253   Eine **Berliner Rechtsbelehrung** für Frankfurt (Oder) besagt, daß die Rechtssätze von Brandenburg übernommen sind und daß damit den Bäckern, Fleischern, Schustern und sonstigen Handwerkern die Errichtung einer Gilde gestattet werden kann. Die Berliner Bäcker erhalten 1272 die Satzung der Brandenburger Gilde, und 1288 empfiehlt der Berliner Rat seinen Schneidern *"das Recht, das die Schneider der Stadt Brandenburg von der ersten Gründung jener Stadt an genossen haben".*

1260   Die **Erbteilungsgrenze der Brandenburger Markgrafen** verläuft zwischen den beiden Städten Brandenburg. Johann I. und Otto III. teilen 1258 Land und Hofhaltung. 1260 wird die Teilung auf Brandenburg ausgedehnt, Johann erhält die Altstadt, Otto die Neustadt. 1268 wird die Teilung von ihnen endgültig bestätigt (Johanneische Linie in Stendal, Ottonische in Salzwedel). Dauer der Teilung bis 1317 (Ende der Askanierzeit 1319).

1263   Für die Altstadt und die Neustadt wird eine **Ratsverfassung** erwähnt.

1286   Markgraf Otto V. schenkt den Dominikanermönchen seinen markgräflichen Hof zur Anlage des **Klosters St. Pauli**. Im gleichen Jahr wird mit dem Bau der Kirche begonnen (dreischiffige Hallenkirche, Kircheninneres unverputzt). In der ersten Hälfte des 14. Jh. wird sie mit dem Glockenturm vollendet. Am 11. Oktober 1565 wird die Kirche als evangelische Pfarrkirche geweiht. Die geschweifte Haube trägt der Turm seit 1718.

1295   Die Altstadt ist von regulären **Steuerzahlungen** befreit.

1297 Das **Schöffenbuch der Neustadt** ist angelegt. Die in ihm enthaltene Liste der Gewerke läßt auf ein reich entwickeltes Gewerbe schließen.

1303 Für die Neustadt werden das **Heiligegeist-Spital und ein St. Elisabethhospital** erwähnt. Das Heiligengeist-Spital sowie ein Hospital St. Elisabeth liegen im Gelände zwischen Alt- und Neustadt (1675 dort erwähnt). Das St. Spiritus-Hospital zieht 1575 in Räume des St. Pauliklosters, das bis 1945 als Altersheim dient.

1308 Zwischen Brandenburg, Berlin und (Berlin-)Cölln wird ein **Städtebündnis** abgeschlossen; es zeigt die vom Landesherrn unabhängige Stellung der größeren märkischen Städte in dieser Zeit.

1314-1320 Die **Petrikapelle** auf der Dominsel (um 1120 von Pribislaw als Burgkapelle errichtet) wird zur Pfarrkirche für die Domkietzer umgebaut und bekommt 1521 ihr sehenswertes Zellengewölbe. Es existiert auch ein St. Petri-Hospital.

1315 Eine Urkunde gibt Auskunft über eine Gilde der "**Kalandsbrüder des Elends**" in der Neustadt (u.a. angesehene Bürger der Stadt).
Sie nehmen sich der Fremdlinge und Pilger an, welche die geweihten Stätten der Stadt aufsuchen. Die Kalandsbrüder erwerben 1386 ein Grundstück "*bei der Pfarrkirche bei der Schule*" (am Katharinenkirchplatz).
Markgraf Johann V. (Salzwedeler Linie) verleiht am 3. November der Neustadt Brandenburg das besondere Vorrecht, daß alle Städte seiner Herrschaft von ihr Rats- und Schöffenrecht holen sollen und das von ihr gegebene Recht niemand anfechten solle. Aufhebung der bisherigen Land- und Vogteigerichte (zuvor: Landgericht *zur Klinke* bei Riewend). Ab 1324 auch für die Altstadt (siehe 1241). **Bekräftigung des Ranges der Brandenburger Schöffen** als Zuständige für das Rats- und Schöffenrecht der Mark, für das Erbrecht, Strafrecht, die Todesurteile und Folterzulassungen in der Mark. Nur Brandenburg hatte das Recht, den Oberhof zu Magdeburg anzusprechen.

1319 Die Neustadt Brandenburg erwirbt Hof und Krug Krakow, das Dorf Stenow (spätere Wüstungen) und den Kietz Woltitz zwischen neustädtischem Mühlentor und Dom gelegen (Bereich zwischen Domkietz und Mühlendamm). Im Jahre 1324 erwirbt die Neustadt die markgräflichen Mühlen auf dem Mühlendamm. Der Markgraf Ludwig der Bayer schenkt der Neustadt das Dorf "Crusewitz" (Klein Kreutz). Weitere **Erwerbungen der Neustadt** sind 1388 das Dorf Schmölln (an der Plane vor dem Plauer See), 1398 Görisgräben, 1406 Prützke und 1409 Päwesin.

Mit dem Tode des Markgrafen Waldemar **stirbt das Geschlecht der Askanier aus**. Das hat langfristig schwerwiegende Auswirkungen auf den Rang der Städte Brandenburg als politischer Hauptort der Mark Brandenburg.

Zeit der Wittelsbacher und Luxemburger, verschärfte Auseinandersetzungen zwischen Adel und Städten in der Mark – 1320 bis 1412

1320 Errichtung des **Neustädtischen Rathauses**, das im Jahr 1560 einen zweigeschossigen Querflügel mit hohem Renaissancegiebel zum Neustädtischen Markt erhält (etwa 100 Jahre später folgt ein zweiter Giebel).

Das Rathaus wird um 1730 im Zusammenhang mit der 1715 durchgeführten Vereinigung beider Städte im Barockstil umgebaut, sodaß dann nur noch der Hintergiebel der Hofseite seine ursprüngliche gotische Struktur zeigt. 1945 zerstört.

Am Jakobsgraben beginnt der Bau der **Jakobskapelle**, die zwecks einer Straßenverbreiterung 1892 um 11 m nach Westen verschoben wird und seit dieser Zeit im Volksmund *Verrückte Kapelle* genannt wird.

Sie wird 1349 in einer Urkunde als „Kapelle des hl. Apostels Jakobus außerhalb der Mauern bei den Kranken" genannt. Später beherbergt das **St. Jakobshospital** am gleichnamigen Graben Alte und Gebrechliche, die hier ihren Lebensabend verbringen (1817: 12 Personen).

1322 In Brandenburg wird offenbar als erster Stadt in der Mark eine **Synagoge** errichtet. Die Altstadt erhält 1323 das Recht, 2 bis 3 Juden in Schutz zu nehmen; die Neustadt darf ab 1335 „5 Juden halten".

Das war ein begehrtes Privileg, da Kreditgeschäfte im Mittelalter als unchristlich galten. Im Jahre 1490 wird im Stadtbuch der Neustadt eine Judenstraße erwähnt, die auf eine größere Anzahl jüdischer Familien schließen läßt. Erstmalige Erwähnung von Juden in Brandenburg um 1234. Christen, welche mit Juden verkehren, werden 1406 mit dem Kirchenbann bedroht. Judenverfolgungen finden in den beiden Städten 1348/49, 1446 und 1510 statt (Brandenburger Hostienschändungsprozeß, Sühnekapelle in der Kapellenstraße). Juden bleiben bis in das letzte Drittel des 17. Jh. der Mark fern.

1330 In den Chroniken wird bereits ein **Schulmeister** und Stadtschreiber Eberhard genannt, und 1346 werden in der Altstadt der Schulmeister Albrecht und in der Neustadt der Schulmeister Henning genannt.

1335 Das Mälzen und Brauen wird im Umkreis von drei Meilen um die Stadt Brandenburg verboten. Ausschenker in diesem Raum müssen ihr **Bier** in der Neustadt einkaufen. Auf der Mehrzahl der Grundstücke in der inneren Neustadt und Altstadt ist das Brauereirecht festgeschrieben.

1342 Vermutlich steht in diesem Jahr schon das als **Ordonnanzhaus** bezeichnete Gebäude Schusterstraße 6 als ältestes Steinhaus der Altstadt, wahrscheinlicher Wohnsitz von Bürgermeistern.

1349 In der urkundlichen Aufzählung anläßlich einer Zusammenkunft mittelmärkischer Städte wird Berlin nach Brandenburg an zweiter Stelle genannt, dagegen stehen 1393 bereits Berlin und Frankfurt (Oder) an der Spitze. Der **Rang Brandenburgs als Hauptort der Mark** geht allmählich an Berlin über.

1375 Bisher geltendes Jahr der Errichtung des **Rathenower Torturms** (28 m hoch). Nach neuen Erkenntnissen der Bauforschung kann ein Baubeginn bereits ab 1280 angenommen werden (also ältester Torturm der Stadt). Der Durchgang wird 1910/11 geschaffen. Weitere Tortürme: 1411 der neustädtische Mühlentorturm am Mühlendamm (24m), 1433 der Steintorturm (Ersterwähnung der Errichtung um 1380). Seine Höhe beträgt 28,5 m, der Durchmesser 11m, die untere Mauerstärke 3,50 m, die obere Mauerstärke 1,50 m. Das Untergeschoß diente als Gefängnis. In dieser Zeit ist auch die Errichtung der Stadtmauern als Ersatzbau für ältere Wehrumzäunungen anzunehmen.

1386 Am Katharinenkirchplatz 5 wird eine Kirchschule erwähnt, später Gelehrtenschule (Neubau siehe 1571) Eine Liste der **Gewerke der Neustadt** nennt die Gewandschneider als dem Rat angehörend und die Vierwerke Bäcker, Knochenhauer (Fleischer), Schuhmacher, Wollenweber als Beteiligte an der Stadtverwaltung. Die höchsten Aufnahmegebühren für ihre Gilde zahlen die Fleischer, es folgen Schneider und Bäcker, an letzter Stelle kommen die Kürschner. Diese Gebühren bezeugen das Ansehen der einzelnen Gewerke. Ersterwähnung der Tuchmacher (*Wullenweber*) in der Neustadt. Die Tuchmachergesellen (*Wullenweber Knaben*) bilden mit Genehmigung des Rates der Neustadt 1407 eine Genossenschaft (erste Gesellenvereinigung) und erhalten eine Satzung.

1395 Es beginnt der Abriß der alten **St. Katharinenkirche**. 1401 ist der Neubau unter Heinrich Brunsberg aus Stettin vollendet. Die Kirche ist der hl. Katharina von Alexandrien, der hl. Amalberga und dem hl. Nikolaus geweiht (siehe 1217). Größe und Ausstattung der Kirche bezeichnen das entwickelte Selbstbewußtsein und Repräsentationsbedürfnis der Bürgerschaft (auch gegenüber dem Domkapitel).

1398 Vertrag über das **Kriegsaufgebot**. Danach stellt die Altstadt ein Drittel, die Neustadt zwei Drittel des aufzubringenden Kriegsaufgebotes. In gleicher Weise haben sich auch beide Städte wegen der Bestreitung der Kriegskosten geeinigt. Die Gesamtstärke des zu stellenden Kriegsvolkes und der Fahrzeuge beträgt 300 Mann zu Fuß, 18 reisige Pferde und drei Rüstwagen. Das Domkapitel muß vier Reisige aufbringen.

1400 Im August feiert **Johann von Quitzow** seine Hochzeit mit Agnes von Bredow, Tochter Lippolds von Bredow (Hauptmann und Verwalter der Mittelmark) in Brandenburg. Nach der Hochzeit bezieht Johann von Quitzow Schloß Plaue und wird für beide Städte Brandenburg ein unbequemer und gefährlicher Nachbar. Im folgenden Jahr 1401 nimmt Quitzow Brandenburger Bürger gefangen und raubt ihnen etwa 300 Schweine.
Die Städte Brandenburg beteiligen sich an Kämpfen gegen die Quitzows, nehmen den Ritter Busso von Alvensleben gefangen und richten ihn in der Neustadt 1402 hin. Deshalb versucht Johann von Quitzow im März 1403 unter Ausnutzung der Ruine der Nikolaikirche in die Altstadt einzufallen. Das mißlingt ihm, und er entkommt nur mit Mühe.

1402 In der Neustadt wird der erste **Roland** aufgestellt, dem 1474 der jetzige aus Sandstein folgt (Sockel 62 cm, Roland 5,34 m). Ursprünglicher Standort am Neust. Markt, seit 1716 vor dem Rathaus der Neustadt, seit 1946 vor dem Altstädtischen Rathaus.

1408 Am 13. April (Gründonnerstag) werden die Haveltore zwischen Alt- und Neustadt gesperrt und dürfen nur mit Erlaubnisschein passiert werden. Dieser **Blockadezustand** dauert über 7 Monate. Die zunehmenden Auseianandersetzungen zwischen den beiden Städten Brandenburg tragen zur Schwächung ihrer Position als Hauptort der Mark Brandenburg bei.

Brandenburg in der ersten Hohenzollernzeit bis zur Durchsetzung der unbeschränkten Fürstengewalt (Absolutismus) – 1412 bis 1640

1412 Am 22. Juni zieht **Burggraf Friedrich VI.** von Nürnberg als erster Hohenzoller in die Mark Brandenburg ein. Er erreicht zuerst die Neustadt Brandenburg und wird von den Bürgern beider Städte feierlich als neuer Landesherr empfangen. Er hält am 20. Juli in Brandenburg den allgemeinen Landtag ab, auf dem die märkischen Stände ihm huldigen.
Seine Ernennung zum *obersten Hauptmann und Verweser der Mark* (Tschirch) durch Kaiser Sigismund war erfolgt, nachdem im Mai 1411 eine Deputation der märkischen Städte unter Beteiligung Brandenburger Vertreter vom Kaiser in Ofen (Budapest) empfangen worden war und kaiserliche Unterstützung gegen das Raubritterunwesen erwirkt hatte. Der Kampf gegen dieses beginnt.

1413 Im April erscheinen u.a. die bisher dem neuen Herrn trotzenden **Quitzows** in Berlin, um ihm zu huldigen. Ihre Unterwerfung ist nur scheinbar.

1414 Am 7. Februar beginnt die Belagerung der **Burg Plaue** durch Günther von Schwarzburg, Erzbischof von Magdeburg. Mit Hilfe der Geschosse des Belagerungsgeschützes, der Faulen Grete, wird eine Bresche in die starken Mauern geschlagen. Am 26. Februar fällt die Burg; Johann von Quitzow wird auf der Flucht ergriffen und beugt sich dem Sieger.

1422 Dem **altstädtischen Tuchmachergewerk** wird die Gründung einer Gilde gestattet; der Magistrat der Altstadt läßt den Tuchmachern eine Walkmühle am Havelstau an der Krakauer Straße errichten.

1433 Am 5. Dezember stirbt in Brandenburg der Chronist **Engelberg Wusterwitz**. Er ist um 1385 geboren, studiert etwa zwischen 1404 und 1407 und wirkt in Brandenburg als Jurist. Seine nur in Abschriften vorhandenen Aufzeichnungen geben einen tiefen Einblick in die Zeit von 1391 bis 1423 (Quitzowzeit). Er gilt als der bedeutendste märkische Chronist des späten Mittelalters.

1434 Beginn der aktiven Mitwirkung der Städte Brandenburg als Mitglieder der **Norddeutschen Hanse**. Seitdem erfolgen regelmäßig Einladungen durch die Hanse. Bereits 1310 hatte der Bürger Heyneken Cirkzow in Greifswald an einer hansischen Versammlung teilgenommen. Auf kurfürstliche Weisung wird den Städten Brandenburg 1476 die Teilnahme am Hansebündnis verboten und 1518 der Austritt aus der Hanse erzwungen.

66

1435 Kurfürst Friedrich I. gründet auf dem Marienberg ein **Prämonstratenserstift**, um die verödete **Marienkirche** ihrem Zweck wiederzugeben. Nach 1529 löst sich der Konvent wieder auf, die errichteten Klostergebäude werden abgetragen.

Zwischen 1431 und etwa 1447 Brandenburg im **Städtebündnis** mit anderen Städten der Mark gegen die kurfürstliche Städtepolitik zum Abbau der städtischen Freiheiten und Privilegien.
1442 erklärt Kurfürst Friedrich II. die Städtebündnisse für aufgelöst und behält sich das Zustimmungsrecht für zukünftige Bündnisverträge vor.

1438 Die Neustadt Brandenburg kauft dem Erzbischof von Magdeburg für 400 rheinische Gulden das Vorwerk Wendgräben ab. 1470 folgt die Neue Mühle (Ersterwähnung 1368, Landwehr mit Mühle). Weitere **neustädtische Güter** sind bereits die Dörfer Planow, Klein Kreutz, Prützke, Päwesin, der Hof Krakow und Teile der Neust. Forst.

1440 stiftet Kurfürst Friedrich II. bei seinem Amtsantritt am 29. September den **Schwanenorden** mit der Marienkirche als Sitz, um dem märkischen Adel einen festeren sittlichen Halt zu geben. Für die Versammlungen der Ordensritter wird an der Westseite der Kirche ein gotischer Anbau errichtet (Leonhardskapelle, 1443 fertiggestellt). Damit wird der landesweite Rang der Marienkirche wiederhergestellt.

1451 Kurfürst Friedrich II. bezieht das Schloß an der Spree in Berlin-Cölln. Die Stadt wird unter Johann Cicero 1486 zur Residenzstadt. Damit wird die Verlagerung des politischen **Zentrums der Mark nach Berlin** endgültig entschieden.

1455 Der Kurfürst erteilt die Erlaubnis zur Bebauung des sumpfigen Teils der heutigen **Hauptstraße** zwischen Wollenweberstraße und Havel. Es dürfen sich Handwerker ansiedeln, die mit Feuer und Wasser umgehen (z. B. Gerber und Schmiede). Dieser Straßenabschnitt trägt bis 1867 den amtlichen Namen **Venedig**.

1461 Bischof Dietrich von Stechow erbaut gegenüber der Nordseite der Gotthardtkirche einen **Bischofshof**, der den in Ziesar residierenden Bischöfen als Absteigequartier dient.
Nach der Säkularisierung des Bistums erwirbt ihn Matthias von Saldern, und seine Witwe Gertrud schenkt ihn 1589 der Altstadt zur Anlage einer Schule (Saldria). Umbau des Hauptgebäudes ab 1718 (heutiger Zustand der Schule).

1466 In einer städtischen Urkunde wird eine **Kapelle** vor dem Schmerzker Tor erwähnt (1429 auch Lehniner Tor), die der heiligen Anna geweiht ist (**St. Annenstraße**).

1470 Baubeginn des Hauptgebäudes mit dem Turm des **Altstädtischen Rathauses**. Neue Bauforschungen ergaben, daß der Vorgängerbau – der älteste Teil – das Eckgebäude Schusterstraße/Parduin ist. Ab 1718 bleibt das Rathaus ungenutzt (nach Vereinigung beider Städte 1715 ist ab 1718 das Neust. Rathaus Sitz der vereinigten Stadtverwaltung). Von 1753 - 1803 dient das Gebäude als Lager für die Barchentfabrik im Syndikatshaus am Altst. Markt 8, danach ist es Sitz des Land- und Stadtgerichts. Von 1819 - 1863 wird es von der Militärbehörde genutzt, wird 1904 als baufällig geräumt und 1910 bis 1912 restauriert.

1506   Papst Julius hebt die Prämonstratenserregeln für das **Domkapitel** auf und verwandelt die Domherren in Weltgeistliche. Beginn des Baues der Domkurien für die Domherren auf dem Burghof.

23. 4. 1508   **Georg Sabinus** geboren (gest. 2. 12. 1560 in Frankfurt). Bedeutender Brandenburgischer Dichter, Hochschullehrer und Diplomat seiner Zeit. Sohn des Bürgermeisters der Altstadt.

1517   Erstmals wird ein Apotheker Erasmus Berisch aus Frankfurt/Oder mit einem Privileg für eine **Apotheke** in der Neustadt genannt.
Ab 1550 Raths-Apotheke mit dem Apotheker Lucas Scholle. Dieser gibt gemeinsam mit Dr. M. Fleck die erste brandenburgische Arzneitaxe heraus (in Latein und Deutsch). Die Apotheke in der Altstadt wird 1614 in einem umgebauten ehemaligen Torhaus Ecke Ritter-/Fischerstraße eingerichtet. Dazu bekommt der Apotheker Christoph Belitz ein kurfürstliches Privileg. Ab 1769 gibt es auch für die Dominsel ein landesfürstliches Apotheken-Privileg.

1521   **Luthers Schriften** werden auf beiden Marktplätzen der Stadt auf Veranlassung des Kurfürsten Joachim I. **verbrannt.** Am Michaelistag des Vorjahres war die päpstliche Bannbulle gegen Martin Luther verkündet worden.
Kurfürst Joachim I. verfügt, daß die Stadt Brandenburg eine Ehrenstellung einnehmen müsse und sie den Namen **Chur- und Hauptstadt** tragen dürfe. In dieser Verfügung (Joachimica) wird die Rangordnung der märkischen Städte bei Huldigungen und im Felde wie folgt festgelegt: Brandenburg Alt- und Neustadt, Berlin, Cölln, Stendal, Prenzlau, Perleberg, Ruppin, Frankfurt und Cüstrin. Bereits 1501 hatte der Kurfürst verordnet, daß die Städte Brandenburg auf den Landtagen den Vorsitz haben sollen, wodurch es bis 1840 bei Erbhuldigungen immer wieder zu **Rangstreitigkeiten mit Berlin** gekommen war.

1527   Bestätigung des Brandenburger Schöppenstuhls als höchste Gerichtsstätte für die gesamte Mark Brandenburg. Er bleibt es bis 1767.
Im Jahre 1348 wird der **Schöppenstuhl** als turmartiges Gebäude in der Havel zwischen beiden Städten neben der Langen Brücke genannt, das 1551/52 einem Neubau weicht und am 17. Mai 1700 bei einem Sturm einstürzt. Jedes Todesurteil und jedes Urteil auf Zulassung der Folter hat von Brandenburg auszugehen. 1817 erfolgt eine öffentliche Bekanntmachung über die Aufhebung des Schöppenstuhls.

1531   Durch den allmählichen Auszug der Mönche aus dem **Paulikloster** verödet dieses Dominikanerkloster. 1547 verleiht Kurfürst Joachim II. das Paulikloster an Joachim von Rochow.
Im selben Jahr stirbt der letzte Prämonstratenserpropst bei den Franziskanern in der Altstadt. Der ehemalige Weinberg der Dominikanermönche (Neust.Heidestraße) wird von der Neustadt 1557

gekauft und von 1580 bis 1795 als Friedhof genutzt. Der Kurfürst Joachim II. schenkt der Neustadt 1560 das Paulikloster. Der Ostflügel wird als Hospital genutzt, später als Armenhaus und bis 1945 als Altenheim.

1536 **Beginn der Reformation in Brandenburg.** Die St. Katharinenkirche wird evangelische Pfarrkirche und Thomas Baitz der erste ev. Pfarrer. Baitz, seit 1528 an der Kirche, darf mit Genehmigung des Bischofs Mathias von Jagow die Messe bereits seit diesem Jahr in deutscher Sprache lesen. Die Änderung des Gottesdienstes im ev. Sinne erfolgt gegen Ablieferung des Silberschatzes der St. Katharinenkirche an die kurfürstliche Silberkammer in Berlin. 1538 beruft die Altstadt den ersten ev. Prädikanten.

1539 vollzieht der Kurfürst den offiziellen Übertritt zur neuen Lehre (Reformation in der Mark Brandenburg). 1540/41 werden die Kirchen- und Schulangelegenheiten den Städten übertragen und die altstädt. und neustädt. Pfarrkirchen durch Generalvisitation vom Patronat des Domkapitels befreit. Auch die Gotthardtkirche erhält einen ev. Pfarrer. Ab 1544 wird in der Domkirche lutherisch gepredigt. Das Domkapitel wird 1565 vom Kurfürsten in ein ev. Stift umgewandelt, welches ab 1.10.1930 eine Stiftung öffentlichen Rechts ist. Seit 1555 ernennt der Landesherr den Dompropst. Das Kloster der Marienkirche auf dem Marienberg gehört ab 1543 dem Kurfürsten.

1541 In Altstadt, Neustadt und Dom Brandenburg gibt es **11 Kirchen, 4 Klöster und 8 Hospitäler.**

1543 Bürgermeister Klemens Storbeck läßt das **Kurfürstenhaus** genannte Eckhaus Haupt-/Steinstraße erbauen. 1571 gastiert hier anläßlich einer Erbhuldigung mit großem Gefolge („346 Pferde" lt. Otto Tschirch) der Kurfürst Johann Georg, nachdem ein kurfürstliches Quartierhaus etwa in der Mitte der Steinstraße bereits 1550 verkauft worden war. Das Storbecksche Haus wurde Ende April 1945 im Rahmen der Kampfhandlungen zerstört.

Älteste Urkunde der neustädtischen **Schützengilde.** Der älteste kurfürstliche Gnadenbrief der altstädtischen Schützengilde stammt von 1559. Ab 1605 gibt es ein „Reglement für hiesige beide Schützengilden". Im Jahre 1750 wird nach langer Pause wieder ein „Königsschießen" durchgeführt.

1545 Die Altstadt richtet in einem großen Teil des **Johannisklosters** ein Armenhaus ein, nachdem sie 1544 vom Kurfürsten das Recht zugesprochen bekam, die Erbschaft des Franziskanerkonvents anzutreten.

Hier sind zunächst das St. Johannis-Hospital und ab 1638 auch das St. Gertrud-Hospital (1431 neben der Nikolaikirche erwähnt) untergebracht. Von 1737 bis 1853 befindet sich in den Räumlichkeiten auch eine Weißbierbrauerei.

1548 **Simon Roter** (1524-1595) übernimmt die Leitung der altstädt. Schule. Er wird, da auch juristisch gebildet, 1551 Stadtschreiber und 1561 Bürgermeister der Altstadt bis 1578. Er ordnet das Archiv der Altstadt, legt ein Kopialbuch an (Urkundenabschriften), führt ein Stadtbuch ein, verbessert das Schulwesen (u. a. Gründung der Saldria) und ist auch Schöppenschreiber. Ruhestätte in der St. Gotthardtkirche.

1551 Auf kurfürstlichen Befehl (Joachim II.) entstehen der Schleusenkanal im Bereich des einstigen Stadtgrabens und die hölzerne **Kammerschleuse am Steintor** (70 m lang, 37 m breit), die bis 1910 genutzt wird.

1552 Bau eines **Schulhauses der Altstadt** am Gotthardtkirchplatz Nr. 5 (Erdgeschoß massiv, Obergeschoß Fachwerk, wird 1910 um 1/3 gekürzt, jetzt Kinder- und Jugendkunstgalerie *Sonnensegel*), dient bis 1591 als Gelehrtenschule; ältestes erhaltenes Brandenburger Schulhaus. **Zacharias Garcaeus** (Gartz) wird 1575 Rektor dieser Lateinschule und ein Jahr später Stadtschreiber (geboren am 11.1.1544 zu Pritzwalk als Sohn des dortigen Bürgermeisters, Studium in Wittenberg). Die Handschrift seiner Chronik überliefert uns in einer farbigen Zeichnung die älteste Ansicht Brandenburgs. Sie zeigt einen Blick vom Turm der St.Gotthardtkirche auf einen Teil der Altstadt und auf den Marienberg. Er stirbt 1585 oder 1586.

1563 Bürgermeister **Simon Karpzow** erbaut das Eckhaus Stein-/Brüderstraße, welches Stammhaus dieser **berühmten Gelehrtenfamilie** wird.
Sohn Benedikt ist Professor der Rechte in Wittenberg und sächsischer Kanzler, Enkel Conrad ist Geheimer Rat und Kanzler des Erzstiftes Magdeburg, Enkel August ist sächsisch-altenburgischer Kanzler und Teilnehmer an den westfälischen Friedensverhandlungen in Münster und Osnabrück zur Beendigung des Dreißigjährigen Krieges 1648.

1565 **Johannes Garceus** verfaßt eine **Schulordnung** im Geist eines reformatorischen Humanismus. Nach ihr ist in den oberen Klassen der Brandenburger Schulen der Gebrauch der deutschen Sprache unerwünscht. Auch in den Pausen und Freistunden müssen sich die Schüler lateinisch unterhalten.

1566 Die **Pestseuche** verbreitet sich auch in Brandenburg. Hier sterben daran 2285 Menschen. Es kommt wegen Teuerungen und vorhergehender ungerechter Steuererhöhungen zu sozialen Unruhen und 1570 zum **Nickelaufstand** (bis 1571). Hans Nickel, Verfasser einer Beschwerdeschrift und Anführer eines Bürgeraufruhrs, kommt ins Gefängnis.

1571 Am Katharinenkirchplatz 5 entsteht ein Renaissancebau als Gelehrtenschule, der 1723 erneuert und 1784 geräumt werden muß. 1797 Abriß und Neubau als **Neustädtisches Gymnasium** (heute Standesamt und Schulamt).

1582 Am 30. März, früh um 3 Uhr , stürzt der **Turm der St. Katharinenkirche** ein, wobei die Glocken, die Orgel und der Kirchengiebel zerstört werden. Die ebenfalls heruntergefallenen **Stadtpfeifergesellen** nehmen dabei keinen Schaden. Auch an den benachbarten Häusern wird nichts beschädigt. Bereits nach einem schweren Sturm im Jahre 1580 hatte der Turm Risse bekommen, die trotz aller Ausbesserung nicht zu beseitigen waren. Eine Lotung ergab, daß der Turm bereits drei Zoll vom Kirchengiebel abgewichen war. 1585 Neubau des Turmes durch den Mailänder Baumeister Joh. Baptist Sala; die Haube von 1592 fertigt der Leipziger Ratszimmermeister Balthasar Richter. Damit ist der Neuaufbau des Turmes beendet.

1583   Über die in diesem Jahr abgehaltene **Musterung über das Kriegsvolk der Stadt** gibt deren Abrechnung Auskunft. Der Musterer Capitain Engel läßt an zwei Tagen die Bürger bewaffnet an sich vorbeiziehen. Acht Tage später findet die große Besichtigung durch den kurfürstlich- brandenburgischen Generaloberst Grafen Rochus Quirin zu Lynar statt. Hierzu muß sich die gesamte waffenfähige Mannschaft der Alt- und Neustadt in viereckiger Schlachtordnung aufstellen. Nach Übungen im Schlachthaufen erfolgen noch Einzelbesichtigungen.

1589   Stiftung der von **Saldernschen Schule**. Gertraud von Saldern stiftet den Bischofssitz am St. Gotthardtkirchplatz als Schulgebäude, welches 1591 bezogen wird (siehe 1461).

1598   Die **Pest** wütet erneut in der gesamten Mark. Allein in der Neustadt Brandenburg sterben 1809 Personen. Mehr als ein Viertel der Bevölkerung hat Brandenburg durch die Pestepidemien verloren.

1604   Kurfürst Joachim Friedrich erläßt für die Städte Brandenburg eine **Polizeiverordnung**, um die Autorität der Behörden bei der Durchsetzung ihrer Beschlüsse gegenüber den Bürgern zu unterstützen. Sie teilt die **Einwohner in vier Klassen**: 1. Ratspersonen, Assessoren des Schöppenstuhls und alte, vornehme Geschlechter, 2. Ober (=Vier)werke, d. h. "obere" Handwerkerschaft, 3. Gemeine Bürger und Handwerker, 4. Budenleute, Tagelöhner, Knechte und Mägde.
Die Stadt ist bereits vor Beginn des Dreißigjährigen Krieges verarmt, die Bürgerschaft von Gegensätzen untereinander und gegenüber den Räten der beiden Städte gespalten.

1618   Durch kurfürstliche Entscheidung verlieren beide Städte Brandenburg als letzte Städte in der Mark das **Recht der freien Ratswahl**. Während seit der Regentschaft von Kurfürst Friedrich II. (1417 - 1470) die Städte der Mark zunehmend ihrer Privilegien verlustig gingen, konnte Brandenburg noch im 16. Jahrhundert durch Gehorsam, Darlehen und militärische Dienste seine Privilegien gegenüber dem Landesherren erweitern.
Noch 1602 weisen die Ratsherren der Neustadt stolz das Ansinnen des Kurfürsten zurück, die Ratsämter bestätigen zu wollen. Der Verlust dieses Privilegs 1618 ist ein **einschneidendes Ereignis in der rückgängigen Entwicklung des Ranges Brandenburgs in der Mark**.

1622   Offener Aufstand wegen Geldinflation. Gesellenaufstand gegen die **Kipper und Wipper** (Geldfälscher und Tuchmacher). Inschrift des Häftlings Peter Wannemacher im Steintorturm: „P. W. ist hier gewest 10 Wochen" (leider in den 60er Jahren d. 20. Jhdt. bis zur Unkenntlichkeit übertüncht).

1623   Für die St. Gotthardtkirche stiften **100 Tuchmachermeister der Altstadt** eine Sandsteinkanzel und eine Tafel, die die Namen aller Stifter enthält. In der Neustadt wurden 1571 ebenfalls etwa 100 Tuchmacher in der Wollenweberstraße genannt.

1626   Erste Truppen unter Graf Mansfeld ziehen im **Dreißigjährigen Krieg** durch Brandenburg. Zwischen 1626 und 1631 ist die schwerste Zeit des Krieges für die Alt- und Neustadt Brandenburg. Endlosen Truppenmassen muß Quartier gegeben werden, und die ständigen Geldforderungen hinterlassen am Kriegsende eine furchtbare Not. So ziehen wiederholt zwischen 1627 und 1629 kaiserliche Truppen unter Tilly durch die Stadt, und 1631 ist eine Schwedische Besatzung in Brandenburg; Gustav Adolf weilt mehrmals hier.

1632 Die Leiche des Schwedenkönigs **Gustav Adolf** wird nach seinem Tod in der Schlacht von Lützen im Dezember mehrere Tage in der St. Katharinenkirche aufgebahrt.

1635 **Kriegsauswirkungen**: In der Altstadt leben von ehemals 370 Bürgern noch 102, 1639 sind es noch 45. In der Neustadt leben von ehemals etwa 700 Bürgern nur noch etwa 300. 1638 sind von ehemals über 700 Häusern nur noch 143 bewohnt (20% des ehemaligen Bestandes).

1636-1638 Brandenburg ist abwechselnd in den Händen der Schweden und der Kaiserlichen.

Brandenburg in der Zeit des Absolutismus – 1640 bis 1809

1641 Kurfürst Friedrich Wilhelm gewährt der Altstadt „**Freiheit von jedweder Kontributionsumlage,** von Einquartierung fremder und kurfürstlicher Völker und allen Pressuren und Auflagen mit Ausnahme der regelmäßigen staatlichen und städtischen Lasten". Der im Krieg dem Verfall ausgesetzten Altstadt wird eine Erleichterung gewährt.

1643 Erstmals nimmt der Kurfürst die **Huldigung** der mittelmärkischen Städte nicht in Brandenburg, sondern in Spandau entgegen. Bis dahin waren die Städte Brandenburg Gastgeber der mit großem Gepränge veranstalteten Huldigungsveranstaltungen bei Regierungsantritt eines neuen Landesfürsten.

1650 Brandenburg erhält in der Steinstraße sein erstes **Postamt** und bekommt einen Postmeister. Das Amt liegt an der neu angelegten Poststrecke Cleve-Memel.

1652 Das Brauhaus des Johannisklosters wird **Salzniederlage** für die Stadt und Umgegend (am Salzhof) bis zur Aufhebung des Salzmonopols 1867. Eine Niederlagsstelle für Salz ist bereits 1564 nachweisbar. Das Salzhaus dient nach 1867 dem Militär noch als Exerzierhaus und Hauptwache und wird 1900 abgerissen.

1655 Der Rat der Stadt veröffentlicht erneut die **Budenordnung** (Buden = kleine Mietshäuser im Besitz von wohlhabenden Bürgern). Budenleute sind Tagelöhner mit vermindertem Bürgerecht, die ihre Arbeitskraft jederzeit der Stadtverwaltung zur Verfügung zu stellen haben. Budenmann wird man, indem man in ein solches Haus zieht und den Budeneid leistet.

1656 Brandenburg erhält seine **erste Garnison**. Das Regiment Graf von Waldeck wird in Stärke von acht Kompanien aus dem Clevischen nach der Mark verlegt. Brandenburg erhält fünf Kompanien, Landsberg (Warthe) drei.

Nach dem Frieden von Oliva 1660, wird die Armee reduziert, und Brandenburg bleibt längere Zeit ohne Garnison.

1664 Der Große Kurfürst genehmigt am 8. August dem Buchdrucker Matthäus Müller aus Frankfurt (Oder) in Brandenburg die Gründung einer **Druckerei,** die 1816 in den Besitz der Familie Wiesike übergeht.

Am 2. Dezember 1809 erscheint hier die erste Nummer des Brandenburger Anzeigers als Wochenblatt (ab 1863 zweimal wöchentlich, später viermal). Die Druckerei und der Verlag bestehen bis 1945 als Firma Wiesike, die 1947 enteignet wird (Kurstraße 7).

1667 Einführung der **Akzise** durch den Brandenburgischen Kurfürsten (Besteuerung von Lebensmitteln, Vieh, Handelsware an den Stadttoren). 1669 ist sie in beiden Städten Brandenburg durchgesetzt (Akzisehaus, Hauptstraße 47).

In Brandenburg erscheint ein vom damaligen Rektor der Neustädtischen Schule, Joachim **Fromme** (1640-1690), verfaßtes **Schulbuch,** das dem Erlernen der lateinischen Sprache dienen soll. Darin führt ein einheimischer Schüler einen Fremden durch Brandenburg und erklärt alle Sehenswürdigkeiten (erster gedruckter „Stadtführer").

Dieses Buch wird 1727 durch den nachmaligen Rektor des Lyzeums der Neustadt Caspar Gottschling überarbeitet neu herausgegeben.

1685 Das erste große Reglement des Kurfürsten wird in der Stadt veröffentlicht. Es beschäftigt sich mit allen Zweigen der Verwaltung und bedeutet für den Rat eine feste **Verwaltungs- und Dienstordnung.**

1685/86 Bildung einer **französischen Kolonie** (reformierte Hugenottengemeinde, Calvinisten). 1686 wird eine französische Schule eingerichtet, die sich stets in der Wohnung des Lehrers befindet. Am 17. August 1687 Wahl der Ältesten und erster französischer Gottesdienst in St. Johannis. 1699 umfaßt die Kolonie 99 Seelen Sie nennt sich seit 1808 Französisch-Reformierte Gemeinde und besteht 1809 vor ihrer Auflösung nur noch aus 30 Seelen.

Nach dem Tode des letzten französischen Predigers erfolgt am 1. Februar 1835 mit einem feierlichen Gottesdienst die Vereinigung mit der deutsch-reformierten Gemeinde (noch 6 Personen).

1687 Domherr Levin von Schlabrendorf regt die Gründung einer **deutsch-reformierten Gemeinde** für aus der Pfalz nach hier übergesiedelte Exulanten an. Ausübung des Gottesdienstes zunächst in der St. Johanniskirche, ab 1711 auch in der St. Paulikirche. Hier ist auch der Gottesdienst der französisch-reformierten Gemeinde.

Im Jahre 1687 werden die ersten Manufakturen französischer Hugenotten gegründet. Nicolaus le Francois erhält vom Magistrat Haus und Webstühle, wirbt Arbeiter aus Frankfurt am Main und Holland an und nimmt 60 Spinnerinnen in die Lehre.

73

1688 Der Kriegsetat führt ein **Bataillon zu Fuß** von Courneaud auf (erste ständige Garnison); nach späteren Umgruppierungen sind davon bis 1713 100 Mann als Teil des Kronprinzenregiments unter dem Kommando des Kronprinzen Friedrich Wilhelm (späterer *Soldatenkönig*) in Brandenburg stationiert.

Sowohl Offiziere als auch Soldaten sind in Privatquartieren untergebracht (Grenadierstuben, Dachgeschoßwohnungen bzw. Einzelzimmer links vom Hausflur und auch in Baracken). Nach einem Reglement aus dem Jahr 1699 hat der Bürger den Soldaten Obdach, Bett, Feuer und Licht zu gewähren.

1704 Stiftung des *Rittercollegiums* vom Domkapitel unter königlicher Genehmigung für den Unterricht junger Edelleute (**Ritterakademie**). Am 26.1.1705 Eröffnung der Anstalt mit 3 Zöglingen, 1849 Auflösung. 1856 Neugründung, auch Aufnahme bürgerlicher Söhne höherer Beamter. 1868/70 jetziges Gebäude erbaut (*Ritterakademie*), 1937 wird die Schule aufgelöst; das Internat bleibt bestehen.

1713 Im Nachbarort **Plaue** gründet dessen Besitzer Friedrich von Görne eine **Porzellanfabrik**, es wird Steingut hergestellt. Auf der Michaelismesse in Leipzig 1715 werden 60 Muster ausgestellt. Der heimlich bei Böttger in Meißen entwichene Samuel Kempe ist der Hersteller. Die Fabrik besteht fast bis 1740.

Das nunmehrige Leibregiment Friedrich Wilhelms I. erhält Brandenburg als Garnison angewiesen. Hierher kommen nur Männer von mindestens sechs Fuß Größe. Die **Langen Kerls** haben ihren Ursprung in Brandenburg. 1716 ist die Formierung dieses Bataillons beendet.

Den Soldaten ist es verboten, selbständig ein Handwerk zu betreiben. Sie dürfen aber bei einem Meister arbeiten. Zur Musterung seiner Lieblinge kommt der König öfter nach Brandenburg, 1717 gemeinsam mit Zar Peter dem Großen. Um Platz für das Exerzieren zu schaffen, wird der Brandenburger Roland 1716 vom Neustädt. Markt vor das Rathaus umgesetzt.

Der Soldatenkönig Friedrich Wilhelm I. bestimmt im selben Jahr den ehemaligen Abtshof Abtstraße 20 zum ersten Militärlazarett in der Stadt. Im Jahr 1718 wird vor dem Rathenower Tor die Musterwiese als Exerziergelände aufgeschüttet.

Der Sohn des Soldatenkönigs, König Friedrich II., löst nach seinem Regierungsantritt 1740 das Regiment der Langen Kerls wieder auf. Von 1740 bis 1806 sind in Brandenburg die Infanterieregimenter 35 und 36 in Quartier.

1715 Am 27. Mai Unterzeichnung des Reglements für die **Vereinigung beider Städte Brandenburg** durch den König und Bekanntgabe desselben am 27. Juli im Rathaus der Neustadt in Gegenwart beider Magistrate, der Stadtverordneten, der Vertreter der Kirchen und Schulen und der Advokaten. Titel der Stadt: *Vereinigte Chur- und Hauptstadt*. Im Jahr 1718 wird in diesem Zusammenhang das Neustädtische Rathaus Sitz der Stadtverwaltung (siehe auch 1320 und 1470).

1719 Gemäß der **Feuerverordnung** sind vierteljährlich Kontrollen der vorhandenen Sicherheitsmaßnahmen durchzuführen. In Brandenburg sind 8 metallene Feuerspritzen, 50 Feuerhaken, 116 Leitern und 54 Wasserkuven vorhanden.

1720   In Brandenburg gibt es insgesamt 124 Tuchmacher, von denen aber ein Viertel aus Mangel an Absatz nicht mehr arbeitet. Bereits 1660 war die Produktion wegen Wollmangels erheblich zurückgegangen (die Schafzüchter hatten gewinnbringend die Wolle im Ausland verkauft.).

In den Jahren 1695 und 1719 wurden königliche Edikte zur Regulierung des Wollhandels und zur Einfuhrbeschränkung ausländischer Tuche erlassen. Trotzdem war die **Krise der Tuchmacher** vorerst nicht aufzuhalten.

1722   Der **St. Annenturm** wird abgebrochen. Beginn des Abbruches mittelalterlicher Wehranlagen. Neben diesem Turm über der Tordurchfahrt war die Wohnung des Brückenwärters, der das Aufziehen der Brückenklappen bei der Durchfahrt der Schiffe zu besorgen hatte, rechts bzw. links das Torkontrolleurhaus bzw. die militärische Wache.

Die enge Durchfahrt bildet ein Verkehrshindernis. 1837 Verlegung der Torkontrolle zur Potsdamer Straße, 1839 Abbruch des Tores, 1844 wird das Torwachtgebäude abgetragen.

Auf Weisung Friedrich Wilhelms I. beginnt am 20. April der **Abriß** der verfallenen **Marienkirche** trotz Proteste von Domkapitel und Stadt. Ein Teil der Steine wird für den Bau des Potsdamer Militärwaisenhauses genutzt. Ein weiterer Teil der Steine dient 1723 der Errichtung des 1751 durch Friedrich II. zum Freihaus erklärten Barockhauses des Stadtkommandanten Oberst v. Massow (heute Heimatmuseum Ritterstraße 96). Mit einem weiteren Rest der Steine errichtet Oberst von Massow am Beetzsee ein Herrenhaus (Massowburg). Mit dem Abriß der Marienkirche verliert Brandenburg ein Baudenkmal von nationalem kulturgeschichtlichen Wert.

1723   Um das **häufige Desertieren** von Soldaten zu verhindern, zieht man zwischen Alt- und Neustadt und vom Rathenower Tor entlang des Schulgrundstückes auf dem Gotthardtkirchplatz hohe Eichenplanken als Palisaden. Auf dem Marienberg wird eine Lärmkanone aufgestellt, die abgefeuert wird, wenn ein Soldat desertiert ist. Für einen von der Bevölkerung eingefangenen Deserteur gibt es 12 Taler Belohnung.

1724   **Scharfrichter Joh. Heinr. Hellriegel** muß die Scharfrichterei aus der Stadt (Büttelstraße) in seinen Garten zwischen Trauerberg und Jakobstraße verlegen. Die Scharfrichterei bleibt hier bis 1877.

Aus diesem Jahr stammt der älteste genaue Plan der Straßen und Grundstücke Brandenburgs, aufgenommen und gezeichnet von Christoph Gottlieb **Hedemann**.

Die Zählung für die Altstadt begann am Mühlentor mit Nr. 1, setzte sich durch alle Straßen fort und endete wieder am Mühlentor gegenüber Nr. 1 mit 371. In der Neustadt reichte die Numerierung von 1 bis 787. Die Häuser vor den Toren sind getrennt beziffert.

1729   Seit diesem Jahr kann man von einer regulären **jüdischen Gemeinde** sprechen.

In der zweiten Hälfte des Jahrhunderts wird das spätere Synagogengrundstück in der Großen Münzenstraße erworben, und 1813 erhalten in Brandenburg 18 jüdische Familien ihr Staatsbürgerrecht. Neun Gemeindemitglieder fallen im Befreiungskrieg 1813/15. Ein jüdischer Friedhof wird 1847 vor dem St.Annentor (heutiger Ort vor dem Hauptbahnhof) angelegt. Der älteste Grabstein stammt von 1756. Vorher bestand ein kleiner Beisetzungsflecken hinter dem Neustädt. Schützenhaus (am Schützenworth).

Um 1730   **Umbau des Neustädt. Rathauses**, Straßenseiten werden verputzt und größere rechteckige Fenster eingebrochen. 1773 wird auf Befehl Friedrichs II. im Erdgeschoß gegen den Widerstand des Magistrats eine Exerzierhalle eingerichtet, wodurch der Verwaltungsbetrieb erheblich gestört wird.

1732   Es erscheint **Gottschlings** Werk: **Beschreibung Der Stadt Alt-Brandenburg.** (Mit „Kupffer-Stichen“)
Am 23. Juni kommt der erste der fünf Emigrantenzüge mit 432 **Salzburger Protestanten** durch Brandenburg. Sie werden von den Bürgern bewirtet und übernachten bei ihnen.
Friedrich Wilhelm I. unterzeichnet im August das Reichspatent von 1731. Hiermit treten wesentliche **Änderungen im Innungswesen** ein. So wird das Entstehen großer gewerblicher Betriebe möglich. Durch Reichsgesetz vom 26. Juli 1881 werden die Innungen zu öffentlich-rechtlichen Körperschaften erklärt, und seit 1897 bestehen neben Freien Innungen auch Zwangsinnungen. Von 1732 bis 1735 werden in Preußen die Gildenbriefe der Zünfte geprüft (Einzug und Vernichtung sämtlicher alter Zunftprivilegien), Mißbräuche werden abgestellt. Zweckmäßigkeit bestimmt den Inhalt, der Staat übt die Aufsicht aus. Der König erläßt 61 General-Privilegien nach Vorschriften der Reichszunftordnung als Grundlage für die Ausstellung neuer Gildebriefe der Gewerke (Tuchmacherbrief in Brandenburg vom 8. November 1734, Tuchscherer vom 21. März1735).

1740/41   Neuanlage des **Neustädtädtischen Friedhofes** gemeinsam durch die Gemeinden St. Katharinen und St.Pauli. Beginn der Nutzung am 1. April 1741.Von April bis September 1741 befindet sich bei Reckahn ein friderizianisches **Heerlager** mit etwa 42 000 preußische Soldaten zur Sicherung des Landes gegen Hannover und Sachsen. Eine Ruhrepidemie im Heerlager wird nach Brandenburg verschleppt. Sie fordert so viele Opfer, daß dieser Friedhof jetzt nötig wird.
Zur Erinnerung an den „großen unersetzten Schaden“, welcher den umliegenden Dörfern durch das Heerlager zugefügten worden war, läßt Friedrich Eberhard von Rochow um 1760 bei Reckahn eine Steinpyramide mit Gedenktafel errichten.

1743-46   König Friedrich II. läßt den **Plauer Kanal** bauen. Etwa 750 Soldaten und Einwohner der Umgebung werden zum Bau befohlen. Der Kanal ist für den Salztransport aus Schönebeck gedacht. Zur Rückfahrt wird Torf geladen. Sie erhält eine *Pfahllochschleuse*.
Die zwischen 1821 und 1823 erbauten zwei Schleusenkammern sind noch heute vorhanden. Die dafür zulässige Größe der Schiffe betrug bis 46 m Länge und 7,70 m Breite.

1750   Der märkische Botaniker Christian Konrad **Sprengel** wird am 22. September 1750 als Sohn des 2. Pfarrers an St. Gotthardt geboren. Er beschreibt als erster den Vorgang der Blütenbestäubung durch Insekten. 1780 Rektor an der großen Stadtschule zu Spandau. Gestorben am 7. April 1816.

1752   Der Brandenburger Magistrat läßt auf Befehl Friedrichs des Großen am Eingang der Neustädtischen Forst das Kruggebäude und 18 Häuser für zuziehende Spinnerfamilien errichten. Jeder Kolonist erhält ein Wohnhaus, einen Morgen Land und Raff- und Leseholzrecht aus der Forst. Der Ort heißt zunächst Neudorf und seit dem 6. Februar 1824 **Wilhelmsdorf**. Bis 1758 werden in Wendgräben, Görisgräben, Görden (1755) und Bohnenland insgesamt **50 Spinnerfamilien angesiedelt**.

25. 4. 1760 König Friedrich II. überträgt seinem General und Freund **Heinrich August Baron de la Motte Fouqué**, „die Propstei der Kathedralkirche zu Brandenburg... nebst allen dahingehörigen Rechten und Einkünften..." Das nötige königliche Patent stammt vom 25. April 1760. Geboren am 4. Februar 1698 tritt Fouqué' in das Dessauer Pagenkorps ein und in persönliche Beziehungen zum Kronprinzen Friedrich. Seine militärische Laufbahn ist mit den drei schlesischen Kriegen verbunden. Er lebt danach in Brandenburg und stirbt am 3. Mai 1774.

1763 In der Havelstadt wird **Julius von Voß** als Sohn eines Hauptmanns im Regiment von Kleist geboren. In Berlin schreibt er ab 1803 fast 200 Bände Possen, Lustspiele, Schauspiele, Romane.
Am wertvollsten sind seine Berliner Sittengemälde, in welchen er das Kleinbürgertum mit fein   beobachteten und scharf charakterisierenden Zügen gut darstellt. Außerdem bringt er den Dialekt auf die Bühne. Er stirbt am 1. November 1832 an Cholera.

1773-75 Erster **Kasernenbau in der Klosterstraße** für das Regiment von Kleist (heute Amt der Kreisverwaltung) für 48 verheiratete und 192 ledige Soldaten. Der Kasernenbau ist von Friedrich II. genehmigt und auf königliche Kosten erbaut worden. Der Magistrat hat zur Entlastung der Bürger darum gebeten. Trotzdem liegt ein Teil der Soldaten weiterhin in Bürgerquartieren. Von 1813-1822 ist die Kaserne Militärlazarett, und 1881/82 wird sie nach den Kasernenbauten in der Magdeburger Straße geräumt.

1777 Am 12. Februar wird **Friedrich Heinrich Karl de la Motte-Fouqué** in Brandenburg geboren. Vom umfangreichen Werk des bedeutenden Dichters der Romantik ist das Märchen Undine in die Weltliteratur eingegangen. Es diente als Vorlage für zahlreiche Bühnenstücke, u.a. von E. T. A. Hoffmann und Albert Lortzing als Opern bearbeitet, später auch als *Rusalka* von Friedrich Smetana. Fouqué macht sich auch mit der Übersetzung norwegischer Mythen und Sagen verdient.

1779 Am 23. Oktober errichten 11 Brandenburger Bürger als Mitglieder des **Freimaurer-Ordens** eine Johannisloge Friedrich zur Tugend. Ihr erstes Domizil ist in der Ritterstraße beim Bäcker Neumann. 1803 zählt die Loge 35 Mitglieder, und ab 1806 werden auch französische Offiziere und Beamte aufgenommen. Am 6. Januar 1819 weiht die Loge in der Neust. Heidestraße 22/23 einen Tempel ein, dem ein am 8.6.1847 eingeweihter Neubau folgt. Die Loge mit etwa 150 Mitgliedern wird am 16. Juni 1935 durch die NS-Herrschaft geschlossen. Das Haus ist von 1945 bis 1949 Lazarett und Krankenhaus und danach *Pionierhaus* (Kinder-Klubhaus).

1782/84 Der **Kreisgarten** wird als Baumschule angelegt (heute Walther-Rathenau-Platz). 1875 befinden sich hier Spielplätze, ein Schulgarten und eine Baumschule der Stadtgärtnerei, die 1908 zur Plauer Chaussee verlegt wird.
Der Wall zwischen Rathenower Tor und Ziegelstraße wird abgetragen und damit der innere Wehrgraben zugeschüttet. Von 1910 bis 1913 wird daraus – einschließlich des Ziegeleigeländes am Beetzsee - eine Grünanlage geschaffen.

1783 Bauwilligen Bürgern der Stadt werden auch in den Folgejahren **Baugelder** gewährt (80 000 Taler). Zahlreiche im letzten Drittel des 18. Jahrhunderts aufgeführte stattliche Bürgerhäuser am Neust. Markt, in der St. Annenstraße (im April 1945 zerstört) und in der Hauptstraße zeugen davon.

1790 Das heutige Hauptgebäude der Stadtverwaltung wird als **Landarmenhaus** für 100 invalide Solda- ten und 200 verarmte Bürger der Mark errichtet. Von 1810-12 und 1816-18 ist das Gebäude Hilfsanstalt für das Spandauer Zuchthaus, und ab 1820 ist es Königliche Strafanstalt.

1795 Das erste **Krankenhaus** der Stadt wird in der Lindenstraße 21 eröffnet. Pfarrer Hentzke hatte dazu am 18. 12. 1787 der Stadtarmenkasse das Grundstück geschenkt. Weitere Krankenhäuser entstehen 1808 auf dem Bullenhof am Paulikloster und 1841/42 auf dem Stadthof hinter dem Syndikatshaus am Altstädtischen Markt.

1796 In beiden Städten Brandenburg befinden sich 1218 Bürgerhäuser und in den Vorstädten 78 Feu- erstellen. Die Stadt zählt an **Einwohnern**: 1959 Männer, 2366 Frauen, 1887 Söhne, 1989 Töch- ter, 499 Gesellen, 126 Knechte, 266 Jungen, 593 Mägde (Mädchen) = 9685 Personen vom Zivil- stande, 2422 vom Militärstande.

1802 **Abriß von Stadttoren**. Der Mühlentorturm in der Altstadt wird abgerissen. Er stand mitten auf der Mühlentorstraße in Höhe der Häuser 14a und 43. Im Jahre 1805 erfolgt der Abriß des Neuen Tores der Neustadt (Ehebrecherturm) Haupt- Ecke Lindenstraße. Der St. Annenturm (St.Annenstraße, etwa Ecke Deutsches Dorf) war bereits 1722 abgebrochen worden. Das St.Annentor wird 1839 gleichzeitig mit dem Torwärterhaus und dem Torbogen des Steintores abgerissen.

1804 Baubeginn der Chaussee nach Berlin über Potsdam. Ab 1819 ist die Chaussee Berlin - Magdeburg mit Steinen befestigt (heute B 1).

1806 Am 25.Oktober zieht **Graf Bernadotte** mit etwa 25 000 Franzosen durch das Steintor in Brandenburg ein (11 Tage nach der Schlacht bei Jena). 16 000 bleiben in der Stadt. Selbst die kleinsten Häuser haben bis zu 20 Mann Einquartierung; der Rest lagert auf den Straßen, und etwa 9 000 Soldaten lagern im Gelände vor der Stadt. Der Prediger der französischen Kolonie dient als Dolmetscher.

1807 Am 24. September wird der Maler **Theodor Hosemann** als Offizierssohn in Brandenburg geboren. Obwohl die Familie mit dem erst Vierjährigen die Stadt verläßt, bleibt er der Heimatstadt verbunden. Wichtige Lebensstationen sind Düsseldorf und Berlin. Er ist Zeichner und Maler des Berliner Volkslebens und seiner Originale. Der Brandenburger Verleger Adolf Müller gibt mehrere Zeich- nungen Hosemanns heraus. Dieser stirbt am 15. Oktober 1875 in Berlin. Auf Anordnung des französischen Kommandanten wird eine **Bürgergarde** zur Aufrechterhaltung der öffentlichen Ruhe und Ordnung gebildet. Sie trägt ein Metallschild mit Stadtwappen und Umschriftung Garde national de Brandenbourg. Nach einer erforderlich gewordenen Reform zählt die Garde 1812 etwa 300 Mann und ist in ein Bataillon mit sechs Schützenkompanien von je 50 Mann gegliedert.

1808   Am 19. November wird die Ordnung für sämtliche Städte der preußischen Monarchie (**Städte-ordnung**) erlassen. Sie überträgt den Städten die Autonomie für Haushalt, Steuern, Armenfürsorge, Kirchen-, Schul-, und Gesundheitswesen. Die Bürger werden durch Stadtverordnete vertreten. Die Stadt ist in 9 Bezirke eingeteilt (6 in der Neustadt und 3 in der Altstadt), 60 Stadtverordnete müssen gewählt werden. Die erste Wahl findet in Brandenburg am 3. April 1809 statt, die erste Tagung mit der Wahl des Magistrats am 4. Juni 1809.

Am 12. Dezember rücken **Schillsche Husaren** in Brandenburg ein, von der Bevölkerung herzlich begrüßt.

1809   Am 21. Februar wird vom Stadtsyndikus Samuel Dietrich **Steinbeck** eine **Singakademie** gegründet, die ab 1823 Abonnementskonzerte mit größeren Werken u.a. von Mozart, Beethoven und Spohr durchführt.

General Carl Friedrich von Hirschfeld wird Stadtkommandant von Brandenburg. Er entstammt einem verarmten kursächsischen Adelsgeschlecht. Er wohnt hier seit 1807.

Wegen des Kampfes seiner Söhne gegen Napoleon und wegen seiner Verantwortung im Zusammenhang mit der Befreiung der Gefangenen des Schillschen Freikorps im September 1809 in Brandenburg wird er wiederholt vom preußischen König auf Veranlassung Napoleons gemaßregelt. Als Führer der kurmärkischen Landwehr ist er Sieger der Schlacht von Hagelberg im August 1813 und verbringt die letzten Lebensjahre in seiner Wohnung der Domdechanei (Domkurie II). Er stirbt am 11. Oktober 1818. Seine Ruhestätte erhält er in der Krypta des Brandenburger Domes.

Am 22. September treffen 67 **gefangene Schillsche Husaren** in Brandenburg ein. Sie werden im Ordonnanzhaus in der Schusterstraße untergebracht. Es kommt zu Tumulten, und es gelingt mehreren Gefangenen zu entkommen.

Brandenburg im 19. Jahrhundert zwischen den preußischen Reformen und der Reichseinigung – 1807-12 bis 1871

1811   **Aufhebung des Brandenburger Schöppenstuhls** durch eine Verfügung des Staatskanzlers Hardenberg vom 29. August. Die Wirksamkeit des Schöppenstuhls war bereits lange vorher erloschen. Im Jahre 1819 wird das Stadt- und Landgericht Brandenburg gegründet, welches bis 1863 im Altstädt. Rathaus untergebracht ist.

1812   Freudige Begrüßung russischer **Kosaken** durch die Brandenburger Bevölkerung.

Am 24. August wird **Brandenburg** von der Liste der großen Städte Preußens gestrichen und trotz heftiger Proteste der Stadtverordnetenversammlung am 1. April 1816 dem **Kreis Westhavelland** zugeteilt. Kreisstadt ist Rathenow. Erst 1840 wird die Stadt wieder direkt der Regierung in Potsdam unterstellt.

1813   Im März wird ein **Städtischer Frauenverein** gegründet. Er ist auch in den Notjahren der Weimarer Republik noch aktiv.

Nach der Schlacht bei Hagelberg am 27. August 1813 wird vorübergehend auch die Brandenburger Ritterakademie als Lazarett eingerichtet.

Es werden insgesamt 837 Verwundete untergebracht (755 Preußen, 22 Russen, 1 Engländer, 4 Schweden, 15 Holländer, 22 Süddeutsche, 18 Franzosen), von denen 105 sterben. Zwischen der Mötzower und Krakauer Landstraße wird der sogenannte *Franzosenfriedhof* eingerichtet. Auf ihm werden die in Brandenburger Lazaretten nach den **Schlachten von Großbeeren und Hagelberg** verstorbenen preußischen, russischen und französischen Krieger beerdigt. 11 Russen, 8 Franzosen, 78 Preußen und eine Marketenderin finden hier ihre letzte Ruhestätte. Auf diesem Grundstück in der Hagelberger Straße befindet sich jetzt ein Wochenendhaus.

1814 Am 7. Juni treffen die 6 Wagen mit 32 Pferden mit der aus Paris zurückgeführten **Quadriga des Brandenburger Tores** ein. Am St. Annentor muß der Transport kurz unterbrochen werden, weil sich die Tordurchfahrt als zu eng erweist. Erst als die 15 Kisten auf den Fahrzeugen teilweise umgeladen sind, kann die Weiterfahrt angetreten werden.

1815 Am 5. Oktober wird ein **Schauspielhaus** auf dem Gelände des heutigen Wichernhauses in der Hauptstraße mit der Aufführung von Schillers *Maria Stuart* eingeweiht. Am 24. März 1824 wird es durch eine Feuersbrunst bereits wieder in Asche gelegt.

Seine Neueröffnung erfolgt am 14. August 1817, die Leitung hat Karoline Leutner, die auch das Stadttheater Frankfurt/Oder leitet. Den Wiederaufbau des Theaters hat eine Aktiengesellschaft seit November 1816 energisch betrieben. 1829 löst sich die AG auf. Das Gebäude bleibt bis 1862 Schauspielhaus.

1817 Das Generalpostamt kauft das Grundstück des heutigen Kreisgerichts in der Steinstraße, wo die Post bis 1841 bleibt. Danach befindet sich die Post in der St.Annenstr. in einem Neubau, der 1874 umgebaut wird. Dieses **Postamt** mit einem 40m hohen Fernsprechturm wird im April 1945 zerstört und 1993/94 durch einen weiteren Neubau ersetzt.

1820 Zwischen 1820 und 1830 entstehen um Brandenburg zahlreiche **Ziegeleien** u. a. von Päwesin, Radewege und Brielow bis Lehnin, Götz und Ketzin. Der Radeweger Ton ist im Brandenburger Umland der beste.

Die Stadt wird **Garnison** des Füsilierbataillons des 20. Infanterieregiments bis 1863.

1821-28 In Brandenburg lebt der **Uhrmacher Naundorff**, der später in Paris als französischer Kronprätendent auftritt und behauptet, der Sohn des hingerichteten Königs Ludwigs XVI. zu sein.

1824 Brandenburg erhält eine **Straßenbeleuchtung** durch Öllampen.

Die **Galgengerüste** mit den Vorrichtungen zum Rädern werden abgetragen, nachdem im Jahre 1819 die letzte öffentliche Hinrichtung am Neustädtischen Galgen (zwischen Grüner Aue und Büttelhandfaßgraben) stattgefunden hatte - am 27. Januar am Invalidenunteroffizier Kirschbein durch Rädern. Seit 1819 wird nur noch im Hof des Zuchthauses unter Ausschluß des Publikums gerichtet. Der Militärgalgen seit 1795 vor dem Altstädt. Rathaus wird am 2. April 1840 beseitigt.

Beginn der Umgestaltung des alten Walls zwischen Rathenower und Plauer Torturm zur **Parkanlage**. Mit der Inbetriebnahme der Tuchfabrik von **Gottfried Krüger** in der Plauer Straße beginnt die Entwicklung der Brandenburger **Tuchindustrie** mit maschineller Technik. Zwei Jahre später (1. Oktober 1827) nimmt die Tuchfabrik von Johann Heinrich Krumwiede vor dem Steintor die Produktion auf. Der Fachwerkbau brennt am 26. August 1892 ab.

1825   Reorganisation des Elementarschulwesens. An die Stelle von Privatschulen treten städtische **Elementarschule**n (Freischulen für Kinder unbemittelter Eltern und Elementarschulen mit Schulgeld). Die altstädtische Töchterschule (Elementarschule) erhält das Syndikatshaus als Schulhaus, die neustädtische Töchterschule das Parochialschulhaus auf dem St. Paulikirchplatz, zwei der neustädtischen Töchterschule aufgesetzte Klassen bilden die höhere Töchterschule, die im Frühprediger-haus von St. Pauli untergebracht werden.

1831   Die revidierte Städteordnung vom 17. März enthält einen Paragraphen über das **Ehrenbürgerrecht**. Die Stadtverordnetenversammlung verleiht bis 1995 32 Ehrenbürgerrechte (davon 3 wieder aberkannt).

1832-50   Die **optische Telegraphenlinie** von der Berliner Sternwarte nach Trier verläuft über den Brandenburger Marienberg. Sie ist die Station Nr. 5. Die gesamte Linie hat eine Länge von 587 km und umfaßt 61 Stationen.
Eine Nachricht durchlief die Strecke bei guten optischen Verhältnissen in ca. einer Stunde (nächste östl. Station: Telegraphenberg bei Schenkenberg, nächste westl. Station: Mühlenberg bei Kirchmöser).

1836-37   Beginn der Anpflanzungen auf der Försterwiese am Graben bei der Neustadt durch Schornsteinfegermeister Bröse (später: **Grabenpromenade**). 1837 wird am Graben auf der Steinbeckschen Wiese ein Kaffeelokal errichtet. 1876 erhält die ausgebaute Gaststätte den Namen Schweizergarten und ist seit 1945/46 Theater der Stadt.

1839   In der seit 1832 bestehenden Seidenfabrik Meyer und Co. vor dem St.Annentor kommt es wegen verweigerter Lohnerhöhung zu „Zusammenrottungen" (etwa 500 Seidenweber streiken). **Erster Streik** in Brandenburg.

1840   Anfang des Jahres entsteht ein Verein für die Gründung von **Kleinkinder-Bewahranstalten**. Die erste Anstalt wird am 5. Mai eröffnet, eine zweite kommt noch im selben Jahr hinzu.
Mit **Moritz Wilhelm Heffter** (1792-1873) beginnt die wissenschaftliche Geschichtsschreibung mit strenger Text- und Quellenkritik in Brandenburg.
1840: „Geschichte der Stadt Brandenburg", 1848: „Geschichtliche Nachrichten von Brandenburg und seinen Altertümern", 1849 „Wegweiser durch Brandenburg und seine Altertümer". Er ordnet das **Stadtarchiv** neu und legt ein neues Kopialbuch an. 1890 wird das Stadtarchiv von Sello in eine zweckmäßige Ordnung gebracht und erhält 1898 einen wissenschaftlich gebildeten Archivar (Tschirch).

1840-49   1840-49: Der Demokrat **Franz Ziegler** ist Oberbürgermeister von Brandenburg. Bedeutendstes Stadtoberhaupt im 19. Jahrhundert.

Am 3. Februar 1803 in Warchau bei Wusterwitz geboren (Vater: Pfarrer), Besuch der Saldria in Brandenburg, Studium der Rechtswissenschaft in Halle; er kommt 1828 als Justizkommissar nach Brandenburg, wird 1839 Stadtverordneter, 1840 zum Oberbürgermeister gewählt. Seine Steuerreform (jeder Bürger wird nach seinem vollen Einkommen herangezogen) schafft ihm in vermögenden Kreisen Feinde (Einführung der allgemeinen Einkommensteuer als Hauptsteuer, hier zum erstenmal in einer preußischen Stadt). Er gründet ein Arbeitshaus, ein Krankenhaus, ein Waisenhaus. Nach Verleumdungen im Zusammenhang mit seiner Abgeordnetentätigkeit in der Preußischen Nationalversammlung erfolgt 1849 seine Amtsenthebung und 1850 die Verurteilung zu 4 Monaten Festungshaft. Danach ist er als Schriftsteller und Zeitungskorrespondent tätig sowie an der Gründung der Deutschen Fortschrittspartei und später des Allgemeinen Deutschen Arbeitervereins (Lassalleaner) beteiligt. Gestorben am 1. Oktober 1876.

1841   Anlegung des **Grillendamms** als Straßenverbindung zwischen Altstadt und Dom (Pflanzung von Sumpfzypressen).

1846   Am 7. August wird die **Eisenbahnstrecke Berlin-Magdeburg** eröffnet (Probefahrt bereits am 2. August). Errichtung des Bahnhofs.

1848/49   befindet sich Ecke St. Annenstr./Deutsches Dorf in einem von Friedrich Eberhard von Rochow erbauten Haus das Hotel de Brandebourg. Hier verkehren die Anhänger des Demokratischen Vereins. Der konservative Patriotische Verein tagt im Bürgerhaus Gemssches Lokal (im 20. Jhdt. Volkshaus, Märkisches Haus, Klubhaus "Philipp Müller"). Das sind die **ersten Parteien** in Brandenburg.

1848   Am 10/11. Februar findet die **erste öffentliche Sitzung der Stadtverordneten** im Lokal des Bürgervereins statt (Steinstraße 42, auch Gemssches Lokal). Ansprache von Franz Ziegler über erste Schritte zur Demokratisierung der Kommunalpolitik..

Ein **Spar- und Unterstützungsverein für Arbeiter** wird gegründet, der eine Baufläche in der Nähe des Friedhofes der Nikolaikirche erwirbt. Später fördert die Stadt durch Schenkung das soziale Bauvorhaben.

1852/53 werden 6 eingeschossige Doppelwohnhäuser in der **Vereinsstraße** erbaut. Außerdem wird die Unterstützung von Mitgliedern gewährt, welche durch Alter oder Gebrechen dauernd arbeitsunfähig geworden sind.

Am 27. Mai kommt es zu spontanen Aktionen Brandenburger Tuchmachergesellen gegen den Fabrikanten Dähne. Sein Haus in der Kurstraße wird von einer Menschenmenge belagert, die das Straßenpflaster aufreißt und die Fensterscheiben einwirft. „**Dähnischer Krieg**". Nur der vereinigten Bürgerwehr von Alt- und Neustadt gelingt es, der Zusammenrottung Herr zu werden.

Oktober: **Befehlsverweigerung** und öffentliche Demonstration von Soldaten des Infanterieregiments Nr. 20.

7. November bis 5. Dezember Tagung der **Preußischen Nationalversammlung im Dom** zu Brandenburg (konservatives Rumpfparlament, welches aus Berlin ausgewiesen worden war).

1849   Am 11. November stirbt der Schöpfer der wichtigsten Brandenburger Parkanlagen, der Schornsteinfegermeister **Johann Gottfried Bröse** (geboren am 4. September 1786 in Brandenburg).

1824 legt er den Promenadenweg zum Neuen Krug an und wandelt die 55 ha große Krugschonung bei Wilhelmsdorf in eine Parkanlage um. Grabenpromenade: ab 1836/37, und ab 1843 die Kanalpromenade (Neue Promenade) zwischen Steintorturm und St.Annenbrücke. Ab 1846/47 beginnt Bröse die Bepflanzung des Marienberges. Ab 1830 ist Bröse Stadtverordneter und 1845 unbesoldeter Stadtrat. 1851 wird ihm von den „dankbaren Bewohnern Brandenburgs" im Krugpark ein Denkmal gesetzt.

1849-51   Die **Katholische Dreifaltigkeitskirche** wird durch Beiträge von Katholiken aus ganz Deutschland, des österr. Kaiserhauses und der preuß. Staatskasse erbaut.

1850   Die **Gemeindeordnung** vom 11. März und die Städteordnung vom 30. Mai 1853 engen die Selbständigkeit der Städte wieder wesentlich ein.

1851-53   Bau des Gebäudes der höheren Töchterschule (**Lyzeum**) zwischen Paulikirchplatz und Stadtgraben, 1904 durch einen großen Anbau erweitert.

Der Baubeginn für die höhere altstädtische Jungenschule Saldria am Salzhof (bislang am Gotthardtkirchplatz) erfolgt 1865 nach Abriß der Klostergebäude von St. Johannis. Dieser Neubau wird am 8. April 1867 eingeweiht. 1882 erhält die Saldria den Rang eines Gymnasiums und wird 1903 mit dem Gymnasium der Neustadt vereinigt. Dieses verläßt damit sein Gebäude am Katharinenkirchplatz.

1853   In der Hauptstraße entsteht im Herbst das erste **Trottoir** durch das Verlegen von Granitplatten, was 1854 in der Ritterstraße fortgesetzt wird. Die Stadtverwaltung erläßt ein Regulativ, durch das den Hausbesitzern auferlegt wird, auf den Bürgersteigen eine Anlage aus behauenen Granitplatten als Gehbahn zu schaffen.

Karl Sachs (geb. 1829 in Magdeburg) wird an die Saldria berufen, an der er bis 1894 lehrt. 1863 beginnt er unter späterer Mitarbeit von Prof. Villatte-Neustrelitz die Arbeit am Wörterbuch der französischen Sprache.

1869 erscheint die erste Lieferung, 1873 der erste Band, 1880 ist das Werk abgeschlossen. Er stirbt am 1. August 1909 in Brandenburg.

In London stirbt am 30. Oktober der Brandenburger Bildhauer und Historienmaler **Gustav Metz** an der Cholera.

Er ist am 29. Oktober 1816 als Sohn des Kolonialwarenhändlers Metz im Hause Neust. Markt/Ecke St. Annenstraße geboren. Durch Unterstützung von August Wredow (siehe 1870) kann er seine künstlerische Begabung ausbilden.

1854   Die Bebauung der Kleinen Gartenstraße beginnt. **Baubeginn der Bahnhofsvorstadt**. Von 1856 bis 65 kauft die Stadt die zur Anlage der Großen Gartenstraße notwendigen Grundstücke auf (z. T. Gartenanlagen). Beginn der Pflasterung der Straße 1861. Die Blumen- und Werderstraße entstehen nach 1880.

1856   Der ehemalige Schiffbauerdamm (nach der ehemaligen Schiffbauerei Kutzbach benannt) zwischen Ritterstraße und Altstädt. Wassertor entlang der Havel wird aufgehöht, das Haveluferufer mit Deckwerk versehen und das Gelände als Grünanlage hergerichtet. (**Altstädt. Wassertorpromenade**). Die ersten Arbeiten dazu werden bereits 1853 in Angriff genommen. 1874 und 1913 erneuert.

1857   **Caroline Tismar** stirbt und vermacht der Stadt ein Kapital von 20 000 Talern als Stiftung für arme und kranke Frauen;
Enkelin des Bürgermeisters George Tismar, 1789 verstorben (Tismarstraße). Ein weiterer Stifter war Major a. D. Friedrich Reimer, gest. 1898, der gemeinsam mit seiner 1889 verstorbenen Frau Friederike, geb. Briest der Stadt eine ansehnliche Stiftung überlassen hatte (Reimerstraße).

1860   Der Buchbinder **Otto Harte** macht von 1860 bis 1898 für die **Baugeschichte** Brandenburgs wichtige handschriftliche Aufzeichnungen; er verzeichnet den Bau jedes neuen Hauses.
Die **Bebauung der Jakobstraße** beginnt. 1883 setzt mit der Aufteilung des städtischen Bauhofes auf der Nordwestseite der Jakobstraße (und seiner Verlegung an die Havel am heutigen Wiesenweg) eine lebhafte Bebauung ein. **Baubeginn der Wilhelmsdorfer Vorstadt**.
Die Wilhelmsdorfer Straße zählt 1865 erst 7 Häuser, 1883 schon 26. Die Försterbrücke zur Wilhelmsdorfer Straße (Jakobsbrücke) wird 1892 neu errichtet, dabei Verschiebung der Jakobskapelle um 11 m (Verrückte Kapelle).

1861   Die Gebrüder Ahlert übernehmen das Gartenlokal auf dem Gelände des heutigen Katholischen Krankenhauses, bauen es zu einer großen Vergnügungsstätte aus und errichten das seit 1855 bestehende Sommertheater neu (**Ahlerts Berg**).
19 Theaterdirektoren leiten es in den 56 Jahren seines Bestehens Es steht in dem Ruf, bestes Sommertheater Deutschlands zu sein. Das Theaterhaus in der Venedigstraße (Hauptstraße 66) wird ein Jahr später geschlossen, danach zum ev. Vereinshaus umgestaltet. Das Sommertheater in der Bergstraße wurde 1912 polizeilich als feuergefährlich geschlossen.

1861/62   Am Magdeburger Platz entsteht ein neues **Garnisonslazarett**, wird 1882 und 1901/03 erheblich vergrößert, 1920 aufgelöst; das Gebäude ist später Arbeitsamt (bis 1945).
Von 1867 bis 1884 gibt es für die Brandenburger **Garnison** Privatkasernen (ab 1867 in der Ziegelstraße 6-8, in der Klosterstraße 24 und ab 1869 in der Bauhofstraße), vorwiegend für das Füsilierregiment 35. Den Offizieren steht ab 1874 das Haus Neustädt. Markt 20/21 (ehem. Gewerkschaftshaus) als Casino zur Verfügung.

1865   Die **Tuchfabrikation** erreicht in Brandenburg ihren Höhepunkt. Sie beschäftigt 2750 Arbeiter. Ab 1866 krisenhafter Rückgang dieses Industriezweiges bis zu seiner Auflösung ab Ende der 60er Jahre bis Mitte der 70er Jahre des Jahrhunderts. 1860 werden 30 Tuchfabriken mit 10 bis 30 Stühlen und 130 kleinere Betriebe gezählt.

1867   Jeder Straßenzug erhält, wie 1866 vom Magistrat beschlossen, seine eigenen laufenden **Hausnummern**, jeweils mit 1 beginnend (ab 1. Jan. d. J.). Im Zuge dieser Aktion kommt es zu Änderungen bei Straßennamen (Plauer Torstraße=Plauer Straße, An der Flut=Flutstraße)
Die Stadt gestaltet das **Elementarschulwesen** um. Aus den Freischulen werden Gemeindeschulen, aus den Elementarschulen Bürgerschulen.
Der Schulneubau in der Kleinen Münzenstraße wird von der Bürgerschule bezogen (Knaben, spätere Augustaschule). Die beiden Mädchenmittelschulen erhalten Namen: Augustaschule für die Neustadt, Elisabethschule für die Altstadt. 1870 ist der Schulneubau in der Kleinen Gartenstraße fertig (Rochowschule), 1876 in der Großen Münzenstraße (Rolandschule), 1877 die Schule der Domgemeinde, 1887 in der Kurstraße und 1897 die Nikolaischule am Nikolaiplatz.

1868   Es wird eine große **Städtische Schwimm- und Badeanstalt** an der Unterhavel in der Hammerstraße eingerichtet, an der auch Schwimmunterricht erteilt wird. Der Bau beginnt 1867 und ist im Frühjahr 1868 beendet.
Im „Brandenburger Anzeiger" erscheint am 30. September ein erster Aufruf zur Gründung eines Historischen Vereins, welche bereits am 3. Oktober erfolgt.
Im Oktober Gründung der **ersten Gewerkschaften** in Brandenburg. Erst 24 Jahre später - 1894 - schließen sich die Berufsverbände zu einem Gewerkschaftskartell zusammen. Am 21. November Gründung eines **Brandenburger Arbeitervereins** im Hotel "Tivoli".
Seit 1865 hatte es bereits einen Arbeiterbildungsverein im Bestande der Fortschrittspartei gegeben, der sich nunmehr verselbständigt. Der Verein tritt dem Allgemeinen Deutschen Arbeiterverein (Lassalle) bei und ist ab 1875 Mitglied der "Socialdemokratischen Arbeiterpartei Deutschlands". Verbot 1876 durch das Kreisgericht.

1869   Am 14. September erhält bei einer Feier zum 100. Geburtstag Alexander von Humboldts (15. 9.) die Gartenanlage zwischen Plauer Tor und Havel, die ehemalige Johannispromenade, den Namen des Naturforschers als **Humboldthain**.
Bereits 1841 beginnt die Erschließung des Geländes mit einer Wegebefestigung und mit Linden- und Kastanienanpflanzungen. Von 1866 bis 1867 erfolgt eine Aufhöhung und Umgestaltung entlang dem Syndikatsgraben, welcher trotz Reinigungsarbeiten schließlich aber doch 1901 zugeschüttet werden muß (Ratzengraben).
Der **Weg zum Neuen Krug** wird 1874 neu hergerichtet, mit Akazien bepflanzt (1894 mit Bänken versehen und 1899 mit Kastanien bepflanzt).

1870   Die spätere **Wredowsche Zeichenschule** wird als gewerbliche Zeichenschule eröffnet und seit 1871 durch Prof. Wredow unterstützt (Unterrichtsmittel, Geld und Kunstgegenstände). Am 24.Dezember 1872 erhält sie den Namen Wredowsche Zeichenschule, und Wredow wird Ehrenbürger der Stadt Brandenburg. Ein neues Schulgebäude, von ihm finanziert (Grundstück kostenlos von der Stadt), wird seit Herbst 1878 genutzt.

August Julius Wredow wird am 5.6.1804 in Brandenburg geboren. Nach kurzem Saldriabesuch Ausbildung in Berlin (Rauch, Schadow), Romreise, 1843 Professor und Mitglied der Akademie der Künste. Er stellt 1886 eine hohe Summe zur Verfügung, deren Zinsen "zum ewigen Erhalt der Schule" dienen sollen (Wredow-Stiftung).

Brandenburgs Entwicklung zur Industriestadt von der Reichseinigung bis zum Ende des Kaiserreiches – 1871 bis 1918

1871 11. April: Gründung der Firma Gebr. **Reichstein** von den Brüdern Adolf, Hermann und Carl mit 15 Betriebsangehörigen für handgeflochtene Korbkinderwagen in gemieteten Räumen im Hause Neustädtischer Markt 23. 1874 Baubeginn der **Brennaborwerke** in der Schützenstraße, 1882 Erwerb des Hammelhofes zwischen Schützenstraße (Geschwister-Scholl-Str.) und Kirchhofstraße. Nach dem Beginn der Produktion von Fahrrädern 1883 durch die Firma Gebr. Reichstein folgte die Errichtung weiterer **Fahrradfabriken** durch andere Firmen: 1885 „Brandenburgia", 1890 die Condor-Werke und Alexander-Fahrradwerke, 1891 die Corona-Werke und 1896 die Excelsior-Fahrradwerke (gegenüber dem Schlachthof Wilhelmsdorfer Landstraße). Im Jahre 1900 werden in Brandenburg etwa 70 000 Fahrräder hergestellt, davon etwa 40 000 in den Brennaborwerken. In diesem Betrieb stellen um 1896 etwa 2000 Arbeiter etwa 20 000 Fahrräder und 120 000 Kinderwagen her. Die Brennaborwerke beginnen 1903 die Produktion von Motorrädern und 1906 von Autos. Dort ereignen sich mehrere z.T. spektakuläre Großbrände (am 10. 11.1892, am 8. 8. und 13. 12. 1899 und am 24. 7. 1901). Der Betrieb ist bis 1932 in Familienbesitz.

1871/72 **Tuchmacherstreik** ab 12. Oktober, der 13 Wochen dauert. Bis 1 000 Tuchmacher sind am ersten großen Massenstreik in Brandenburg beteiligt.

1872 Gründung der **Freiwilligen Feuerwehr** (bisher Feuerschutz durch die Bürgerschaft). Verdienst des Oberbürgermeisters Reuscher, des Mitbegründers Prof. Sachs und der Brandenburger Turner. Am 5. Juli Bildung einer Turnerfeuerwehr aus 41 Mitgliedern.
1881 erscheint eine neue Feuerlöschordnung, und 1914 gibt es die erste Motorspritze. Ab 1917 hat die Stadt 10 Mann Berufsfeuerwehr und eine zentrale Feueralarmvorrichtung (Feuermelder).

1873/74 Die **Tuchscherfabrik Krüger** (1872 in der Plauer Straße abgebrannt) geht zum Eisenguß und Maschinenbau über (**Elisabethhütte**), 6. Juni 1874 erster Guß,
Das markiert den **Übergang** der Industrie in Brandenburg von der Tuchmacherei zur **Metallverarbeitung**. 1906 Umzug zur Neuendorfer Vorstadt.

1874   Der **Brandenburger Männergesangverein** wird gegründet.
Eine größere Gruppe von Sängern hatte sich aus dem gleichnamigen und 1869 von J. H. Stuckenschmidt gegründeten Gesangverein herausgelöst. Anfang der 90er Jahre schließt sich dieser neugegründete Verein dem Deutschen Arbeitersängerbund an. Am 14. April 1912 wird die Bildung eines Frauenchores beschlossen. In der folgenden Zeit (u.a. Juli 1921) schließen sich verschiedene Chöre diesem Chor an und bilden den **Volkschor Vorwärts**, der 1932 eine Stärke von etwa 220 aktiven Mitgliedern umfaßt. Der Volkschor ist der älteste noch existierende kulturelle Verein in der Stadt Brandenburg.

1875   Aufhebung der Mahl- und Schlachtsteuer am 1. Januar. Da die **Stadtmauer** nun ohne Bedeutung ist, werden die angrenzenden Grundstücke durch Verkauf der Kommunikation (Wehrgang) an die Grundstücksbesitzer erweitert. Die Stadtmauer wird teilweise von ihnen niedergelegt, teils auch überbaut. So wird 1885 die Mauer zwischen dem Plauer und Rathenower Torturm niedergelegt und die Wallstraße gebaut.
Brandenburg hat 5492 **Fabrikarbeiter**, davon 316 in der Zigarrenindustrie und erst 142 in der Metallindustrie. Es gibt 135 fabrikmäßige größere Betriebe (mit mehr als 5 Gehilfen und mit Antriebsmaschinen), die 3077 Personen beschäftigen und 928 handwerksmäßige Kleinbetriebe.

1878   Unterrichtsbeginn in der Wredowschen Zeichenschule.

1879   Bau der Post in der Altstadt und des **Amtsgerichtes** in der Steinstraße.
Der Friseur Johann Andreas Friedrich Bollmann, 1852 in Salbke bei Magdeburg geboren, kommt über Berlin nach Brandenburg. Er stirbt im Jahre 1901 im Städt. Krankenhaus an Zungenkrebs. Brandenburger Original. Das von Straßenjungen der Mühlentorstraße verfaßte Spottlied über **Fritze Bollmann** wurde in ganz Deutschland bekannt.
Emil Kummerlé gründet in der Neuendorfer Straße seine **Kammgarnspinnerei**, 1913 etwa 700 Beschäftigte.
Der Berliner Arthur Bergmann gründet 1885 in der Bauhofstraße eine Jute-Garnspinnerei / Erste Deutsche **Feinjute-Garnspinnerei AG**. Enteignung 1948 durch eine Sequesterkommission, Verkauf durch die Treuhand 1994 für 1,- DM, danach Verkauf der noch kurz vor Ende der DDR-Zeit angeschaffenen modernen Anlagen durch den Erwerber u.a. nach Südamerika und Stillegung des Werkes.

1879   Auf dem Marienberg wird am 12. August das **Kriegerdenkmal** in Gegenwart des deutschen Kronprinzen Friedrich eingeweiht. Der Turm aus gelben Klinkern hatte ein Aussichtsgeschoß.
Der Baubeginn war 1874. Das Kriegerdenkmal war den Gefallenen der deutschen Einigungskriege von 1864, 1866 und 1870/71 gewidmet. 11 große Marmortafeln verzeichneten die Namen von 3495 Gefallenen der Kurmark. Nach Beschuß am Kriegsende Ende April 1945 nur noch eine Ruine, die abgerissen wurde.
In Brandenburg gibt es ca 75 **Vereine**, darunter 14 Gesang- und Musikvereine, 16 gesellige Vereine, 10 Vereine für Handel und Gewerbe, 3 Logen, 3 politische Vereine (Conservativer Verein, Liberaler Verein, Verein für Sozial-Reform), 4 Turnvereine, 11 religiöse Vereine.

1881   Der Fabrikant **Ernst Paul Lehmann** beginnt in der Plauer Straße/Klosterstraße mit der **Spielzeug-produktion** in Brandenburg/Havel (Blechspielwarenfabrik). Ab 1888 im Patentwerk E.P.Lehmann Produktion von selbsttätig beweglichen Blechspielwaren. Diese finden bis etwa 1992 einen welt-weiten Absatz.

Weitere Spielzeugfabriken in Brandenburg waren vorübergehend: Metz & Dunker ab 1892, Reil & Co. ab 1894, die Lineol-Spielwarenfabrik Oskar Wiederholz A.G. ab 1906, die Oro-Werke ab 1908 und Gundka-Werke ab 1919. Ab 1. September 1949 sind das Patentwerk und das Lineolwerk zum VEB Spielwarenwerk Patent-Lineol Brandenburg (Havel) vereinigt. Ab 18. Dezember 1991 Liquidation der *Brandenburger Spielwaren GmbH* (so der Name ab 1990) durch die Treuhand.

Brandenburg wird am 1. April **wieder Stadtkreis**. Seit 1816 gehörte die Stadt dem Kreis West-havelland mit Rathenow als Kreisstadt an.

Am 1. April beziehen das Kürassierregiment Nr. 6 und am 1. April 1882 das Füsilierregiment 35 ihre **neuen Kasernen** in der **Magdeburger Straße**, deren Bau 1877 begann und wozu die Stadt unentgeltlich Grund und Boden zur Verfügung gestellt hatte. Das Feldartillerieregiment General-feldzeugmeister (1.Brandenburgisches Nr. 3) befindet sich ab 1900, in der Magdeburger Straße (von 1889 bis 1900 davon eine Artillerieabteilung in Privatkasernen in der Vionvillestraße, heuti-ge Karl-Liebknecht-Str.).

Der Militärfiskus pachtet 1881 eine 63 ha große Fläche vom Vorwerk Silo als **Exerzierplatz**, der 1901 und 1908 auf 167 ha erweitert wird (genannt Siloer, heute Hohenstücken).

Das Gebäude Neust. Markt 20/21 wurde nach einem Umbau ab 1874 als **Offizierskasino** genutzt.

1882   Am 27. Mai erste Zeitungsanzeige einer Sonderfahrt mit dem **Dampfboot Brandenburg**, das an Markt- und Kirchtagen einen regelmäßigen Linienverkehr auf der Oberhavel betreibt.

In den Folgejahren gibt es einen Linienverkehr nach Rathenow, auf dem Beetzsee und nach Plaue. Die Einstellung der Linien erfolgt nach Eröffnung der Bahn- bzw. Straßenbahnlinien. Die Dampf-schiffahrt wird durch die Entwicklung des heimischen **Schiffbaus** wesentlich gefördert.

Bereits 1877 hatten die **Gebr. Wiemann** ihren 1867 gegründeten Schlossereibetrieb von der Stein-straße zur Großen Münzenstr. verlegt und zu einer Maschinenfabrik ausgebaut, vorerst für Ziegelei-maschinen und ab 1887 - nach einer erneuten Verlegung an die Havel oberhalb der Langen Brük-ke - als **Schiffswerft** für Schiffbau und -reparatur. 1914 baute der Betrieb mit etwa 500 Arbeitern 20 Schiffseinheiten.

Der Magistrat beschließt, den Nikolaifriedhof zu schließen und einen neuen **Altstädtischen Friedhof** zu errichten. Erste Bestattungen dort 1884.

1883   Die **Vorstadtschleuse** in der Krakauer Straße geht in Betrieb.

25. September: Gründung des **Brandenburger Ruderklubs** (BRK). Das Domizil ist am Bootshaus der Gebrüder Wiemann an der Langen Brücke (Jahrtausendbrücke).

September 1908: Einweihung des von E. P. Lehmann errichteten neuen Bootshauses am Wehr Krakauer Straße (Brausebrücke).

Am 26. September findet die feierliche Einweihung der 1882/83 neu errichteten **Synagoge** der jüdischen Gemeinde an Stelle einer älteren baufälligen in der **Großen Münzenstraße** statt.

Das ist ein Backsteinbau mit einer Kuppel und 100 Männer- und 70 Frauenplätzen. Die Synagoge wird am 9. November 1938 von Brandenburger Faschisten in Brand gesteckt.

1884   Am Abend des 10. Oktober wird eine **nationalliberale Wahlversammlung** durch eine aufgeregte Menschenmasse gesprengt. Die Polizisten können gegen die folgenden Ausschreitungen der Menge auf der Straße nichts ausrichten. Es werden Flaschen und Steine geworfen, eine Infanteriepatrouille muß eingreifen. Neun Schuldige werden verhaftet.

1885   Gründung der „**Ersten Deutschen Feinjute-Garn-Spinnerei**"

1886   Von Stadtsyndikus Dullo erscheint eine **Communalgeschichte der Stadt Brandenburg**.
Der Steintorturm wird erneuert und dient von 1887 bis 1923 dem hiesigen Historischen Verein zur Ausstellung seiner Sammlungen (erstes **Heimatmuseum**).
Beginn der umfassenden Bebauung der Göden-, Linien- und Tismarstraße in der **Wilhelmsdorfer Vorstadt**, Schwindelschweiz genannt: einige Bauunternehmer machten z.T. außergewöhnliche Gewinne, andere, darunter Handwerker und Geldgeber, erlitten erhebliche Geldverluste.
Die Wohnquartiere in der Gutenberg-, Friesen- und Jahnstraße entstehen erst nach 1900 im Zusammenhang mit der Schaffung weiterer größerer Fabrikanlagen.

1887   Die **Brandenburger Sozialdemokratie** beteiligt sich im Herbst erstmalig an der Stadtverordnetenwahl; ihre Kandidaten erhalten nur 24 Stimmen. Nach den Ergänzungswahlen 1897 kommen fünf Kandidaten der SPD in die Stadtverordnetenversammlung. 1901 sind es 15 Abgeordnete, die höchstmögliche Anzahl beim Dreiklassenwahlrecht.

1889   Gründung der Konsumgenossenschaft **Konsumverein Vorwärts** am 15. Mai von 800 Arbeitern. Es werden ein Geschäft in der Neust. Heidestr. 58 und ein weiteres in der Plauer Straße 13 eröffnet. Im Jahr 1900 wird eine Konsumsparkasse eingerichtet. 1914 hat die Konsumgenossenschaft 10 Verkaufsstellen (zumeist auf eigenen Grundstücken) und umfaßt annähernd 4000 Mitglieder.

1890   Im Juli Neuformierung einer **sozialdemokratischen Ortsgruppe** (Verein zur Erziehung volkstümlicher Wahlen) nach der Aufhebung des von Reichskanzler v. Bismarck initiierten Sozialistengesetzes im Cafe´ Bellevue (später Mengerts bzw. Kähnes Volksgarten, heute „Bismarck-Terrasse"). Dem waren u. a. am 2. April eine Massendemonstration in der Gr. Gartenstraße und auf dem Bahnhof und am 1. Mai eine Maifeier im Café Bellevue vorausgegangen.
Am 1. September wird der **Schlachthof** in der Wilhelmsdorfer Vorstadt eröffnet, dessen Bau am 26. September 1888 beschlossen und am 15. Juli 1889 begonnen worden war. Erweiterungs- und Umbauten im Jahre 1927.

1891   Am 1. Januar erscheint die erste Nummer der **Brandenburger Zeitung**, Volksblatt für Ost- und Westhavelland, als Parteiorgan der SPD. Der Verlag ist Parteieigentum und heißt ab 1896 **Verlag Otto Sidow und Co.**

1912 wird ein eigener Neubau in der St. Annenstraße 19/20 neben der Post bezogen (repräsentatives viergeschossiges Geschäftshaus mit Seiten- und Hofgebäuden für Druckerei und Buchbinderei). Einweihung am 28. Juli 1912, Auflage der Zeitung: 17 000 Exemplare. Das Unternehmen wurde nach 1933 enteignet und privatisiert. Eine weitere Privatisierung war 1991 erfolgt. Das Nachfolge-unternehmen „Brandenburger Druckhaus GmbH" stellte Ende 1995 die Produktion ein.

Am 1. Oktober wird das Brandenburger Fernsprechamt mit 52 Teilnehmern im **neuen Post-gebäude** in der St. Annenstraße eröffnet.

Die **Luckenberger Brücke** über die Unterhavel und die Brücke über den Schleusenkanal werden dem Verkehr übergeben. Sie bedeuten eine wesentliche Entlastung für die Hauptstraße. Außerdem fördern sie die Bebauung der Havel-, Kanal- und Goethestaße. Sie ist erschwert durch den schlech-ten Baugrund (sumpfiges Wiesengelände) und wird erst nach dem ersten Weltkrieg fortgeführt.

Im darauffolgenden Jahr - 1892 - erfolgt der Neubau der **Langen Brücke** als höhere Eisenkonstruktion mit einer Klappbrücke. Sie ersetzt die 1880 erbaute Holzbrücke. Vorhergehende Brückenbauten waren 1700 und 1816 erfolgt. 1910 wird nochmals eine Brückenverstärkung notwendig. Einwei-hung eines weiteren Neubaus 1929 als **Jahrtausendbrücke**. Weiterer Neubau 1996. Im Jahr 1892 wird auch die Försterbrücke zur Wilhelmsdorfer Straße erneuert (**Jakobsbrücke**). In diesem Zusam-menhang erfolgt die Verschiebung der St. Jakobskapelle um 11 Meter (**Verrückte Kapelle**).

1892   **Gründung des ersten deutschen Arbeiter-Turnvereins** in Brandenburg, hervorgegangen aus dem Männer-Turnverein 1878. Am 26. Juni wird auf dem Kongreß in Brandenburg der Märkische Arbeiter-Turnerbund gebildet.

Am 7. Februar wird von einem liberalen Verein zur Gründung einer Volksbibliothek in der dama-ligen Höheren Töchterschule die **Volksbibliothek** eröffnet.

Ab 30. August 1914 befand sie sich im 1913 erworbenen Haus in der Großen Münzenstraße 6 (ehem. Puschkin-Bibliothek).

1893   Das neue Gebäude der **Bürgerschule** am Wredowplatz wird bezogen (10klassige Mittelschule für Jungen). In das bis dahin genutzte Gebäude in der Kleinen Münzenstraße zieht die mit der Elisabeth-schule aus der Altstadt vereinigte **Augustaschule** der Neustadt (Mädchenmittelschule).

In der Vereinsstraße wurde 1904 ein Schulbau bezogen, der anfangs als Bürgerschule für die Alt-stadt diente und später als **Berufsschule**.

Anläßlich einer Wettfahrt am 1. Oktober auf dem Beetzsee wird beschlossen, einen Seglerverein zu gründen. Die Gründung erfolgt in einer im Wilhelmsgarten abgehaltenen Versammlung.

Am 1. Oktober 1922 kann ein eigenes Heim am Kleinen Beetzsee eingeweiht werden, von 1925-27 der Hafen ausgebaut und ein großer Schuppen für die Boote an der Homeyenbrücke errichtet werden.

1894/95   In Kaltenhausen wird durch den Ingenieur O. Senrecker aus Mannheim für Brandenburg ein **Wasserwerk** erbaut, am 1. Januar 1896 in Betrieb genommen und 1921 wesentlich erweitert.

Von 1897 bis 1904 wird in Brandenburg die **Kanalisation** nach dem Schwemmsystem geschaffen. Die Abwässer werden durch Pumpstationen zu den 6,6 km entfernten Rieselfeldern in der Neu-städtischen Forst bei dem Gut Wendgräben befördert.

1894   Am 25. Juni beginnt eine kleine Gruppe als Zitherklub **Harmonie** gemeinsam zu musizie-ren. Vier Jahre später wird ein Männerchor gegründet. Der Musik- und Gesangverein „Har-monie" ist ein noch in der Gegenwart erfolgreich wirkender traditionsreicher künstlerischer Verein.

1895   Nach einer **Berufszählung** sind in Brandenburg 10 129 Personen in der Industrie, 4 071 in öffentliche Diensten oder freien Berufen, 2 761 im Handel und Verkehr, 1 043 in der Land- und Forstwirtschaft, 841 in häuslichen Diensten oder als Tagelöhner beschäftigt. 23 319 sind Angehörige der Berufstätigen oder Berufslose.

1896   1. Januar Inbetriebnahme des **Wasserwerkes** Kaltenhausen.

1897   Am 8. März erfolgt ein Vertragsabschluß zwischen der Stadtgemeinde und der Berlin-Wilmersdorfer KG **Brandenburger Straßenbahn** Havelstadt, Contag & Co in Brandenburg zum Bau und Betrieb einer Pferdebahn-Ringlinie ab Staatsbahnhof von 4,75 km Länge über vier Zugbrücken. Eine Teilstrecke wird bereits am 1. Oktober eröffnet (Spurweite 1 m). Ab 12. November 1898 kann der gesamte Ring der **Pferdebahn** befahren werden.
Am 5. April 1902 wird die Pferdebahnlinie vom Neust. Rathaus Ecke Steinstr.- Hauptstraße zur Planebrücke eröffnet.

1898   Das erste **Warenhaus** in Brandenburg (Lindemann und Co.) wird errichtet, das am 6. Juni 1900 einem Großfeuer zum Opfer fällt.
Auf Anregung des Stadtsyndikus Dr. Mayer wird nach dem Vorbild anderer Städte am 1. Juli unter Beteiligung von je 20 Unternehmern und Arbeitern der **Bau- und Sparverein** gegrün-det, um zur Linderung der erheblichen Wohnungsnot beizutragen.
Am Jakobsgraben beginnt die Bautätigkeit 1899-1900 mit insgesamt 14 Wohnhäusern, meist 2-Zimmer-Wohnungen mit Küche, Korridor und Toilette. In den folgenden Jahrzehnten wer-den insgesamt 1537 Wohnungen geschaffen u. a. ab 1898 am Jakobsgraben, in der Hausmann-straße, der Franz-Ziegler-Straße, (ab 1888 war dort das Wiesengelände aufgehöht worden), Fouquéstraße, Karl-Marx-Str., Maercker- und Reimerstr., am Baebenrothufer u. a. m.
Ein **Beamten-Wohnungs-Verein** wird 1901 gegründet. In der Rochowstraße beginnt der Bau von Beamtenwohnungen 1907, später in der Packhofstraße.
Gründung der Brandenburger Handelskammer.

1899   Hinter dem Schlachthof in der Wilhelmsdorfer Landstraße entsteht der **Sportpark** mit einer Radrennbahn, einem Sportboothafen und einer großzügigen Gartenanlage. Das Restaurations-gebäude ist ein Pavillon der Berliner Gewerbeausstellung. Die Einweihung ist am 13. August 1899. Boote können durch einen Stichkanal von der Havel den Park erreichen.
Der Sportpark war attraktiver Ausflugsort unzähliger Bürger. Das Objekt wurde durch ein Großfeuer am 28. April 1913 vernichtet. Der Radrennbetrieb wurde bis 1927 aufrecht erhal-ten. 1930 wurde das Gelände zu einer Kleingartenkolonie aufgefüllt.

Am 15. Mai stiftet die Witwe des in Brandenburg geborenen Leipziger Großkaufmanns Robert Leue auf seinen Wunsch hin der Stadt 50 000 RM für die Entwicklung eines Parkes auf dem **Marienberg**. 1907 beginnt mit weiteren Zuschüssen der Provinz und mit Sparkassenüberschüssen die Anlage des Parkes (**Leuepark**, Findling mit seinem Bronzebild von 1909).

Am 12. Februar 1905 bietet der Spielzeugfabrikant **E. P. Lehmann** sein am Südabhang des Marienberges gelegenes Grundstück als Aufgang zum Berg der Stadt unter der Bedingung an, daß auf der Höhe des Aufganges aus freiwilligen Beiträgen eine Warte zum Andenken an den Reichsgründer errichtet werde. Für gärtnerische Anlagen stellt er 10 000 M in Aussicht. Die Einweihung der **Bismarckwarte** erfolgt am 1. April 1908. Der Bau, eine Jugendstilanlage im Grundriß eines Kleeblattes (Architekt Prof. Bruno Moehring), dauert drei Jahre wegen der Schwierigkeiten bei der Herbeischaffung des Materials (Granitfeldsteine). Die Warte wurde am 22. März 1974 um 11.45 Uhr gesprengt, um der jetzigen **Friedenswarte** Platz zu machen.

1897-1901 Neubau eines **Krankenhauses** am Marienberg für 150 Betten, das 1926/27 einen Erweiterungsbau erhält (Hochstraße).

1901 Die **Kleinbahnlinie** Brandenburg - Nauen - Röthehof geht in Betrieb (Westhavelländische Kreisbahn). Ausgangsbahnhof Krakauer Tor (Krakauer Str.).

Die Kleinbahnlinie von Treuenbrietzen über Belzig - Brandenburg - Premnitz - Rathenow nach Neustadt/Dosse nimmt den Betrieb 1904 auf. Aus diesem Jahr stammt auch der Altstädtische Bahnhof.

Am 26. Oktober erfolgt die Betriebsaufnahme des **Elektrizitätswerkes** in der Bauhofstraße. Bis 1912 städtisch, dann wird es an den AEG-Konzern verpachtet (40jährige Konzession). Es wird die Elektrizitätswerk Brandenburg AG gegründet.

1901/02 Der **Nikolai- und Magdeburger Platz** werden zu Schmuckplätzen ausgestaltet. Noch 1899 ist der Nikolaiplatz ein wüster Fleck zwischen Scheunen, wo oft Schutt abgeladen wird. 1899 sind die Scheunen nicht mehr vorhanden, der Platz aber noch wüst. 1901 wird die Magdeburger Straße verbreitert und der Platz wird aufgehöht.

1912 wird er abermals umgestaltet und das von E. P. Lehmann gestiftete **Denkmal Friedrichs des Großen** am Nikolaiplatz aufgestellt (Enthüllung am 18.10.1915).

Wirtschaftskrise mit **Massenarbeitslosigkeit**. In diesem Arbeitslosen-Winter werden aus den 25 500 RM Sparkassenüberschüssen Unterstützungskosten bewilligt.

1902 Am 30. April wird in Brandenburg der **erste deutsche Arbeiterschachverein** gegründet (Arbeiter-Schachclub „Vorwärts"). Gründungsort Eckhaus Kirchhofstr.- Kl. Gartenstraße.

Am 1.Oktober bezieht die **Reichsbank** auf dem Neust. Markt ihren Neubau (jetzt Dresdener Bank). Seit 1876 gibt es in Brandenburg eine Reichsbank-Nebenstelle.

1903 In Brandenburg wird die erste **Laubenkolonie (Helgoland)** an der Grünen Aue gegründet. Ursprünglich auf dem Gelände der heutigen Franz-Ziegler-Schule angelegt, mußten die 40

Parzellen nach vier Jahren verlegt werden. Gründer waren der Zimmerpolier Walther und Karl Petzli. Von nun an entwickelt sich vor allem am Westrand der Stadt ein umfangreiches Kleingartengebiet

Bis 1927 waren in Brandenburg 22 **Kleingartenkolonien** mit 1 314 Mitgliedern entstanden (davon etwa 1 100 Arbeiterfamilien, Rentner, Invaliden oder Soldatenwitwen). Bis zu diesem Jahr waren u.a. 12 Eigenheime, 18 Spielplätze mit 14 Sandkästen und 1 096 Lauben gebaut worden.

1904 25. März: Inbetriebnahme der **Brandenburgischen Städtebahn** und des Altst. Bahnhofes. Am 1. Oktober wird die Gesamtstrecke der Westhavelländischen Kreisbahn eröffnet.

1904-06 Durchgreifend **Erneuerung der St. Gotthardtkirche**; alte Malereien unter der Tünche werden freigelegt und der gesamte Raum wird neu ausgemalt.

1905 Das bereits seit 1881 in Brandenburg ansässige Handelshaus Siegmund Haagen eröffnet das neu erbaute erste Brandenburger **Großkaufhaus**, ein viergeschossiges Warenhaus mit 2 Geschäftsetagen und mit repräsentativer Architektur in der St. Annenstraße 23/24 (Ecke Neust. Markt). Es brannte Ende April 1945 im Zusammenhang mit den Kampfhandlungen aus.

1906 Am 26. April wird der "Ruder-Club Havel" gegründet. Das Bootshaus ist anfangs auf Kleins Insel ein alter Bootsschuppen. Im Frühjahr 1907 entsteht auf einem anderen Fleck auf Kleins Insel ein neues Heim für Club und vergrößerte Flotte. Am 16. Oktober wird das neue Haus in der Hammerstraße eingeweiht, dem 1928 ein Erweiterungsbau folgt.

In Brandenburg entsteht die **erste Reederei**, die Firma Grüttke mit den Dampfern Odin, Hertha und Europa. Es entwickelt sich ein umfangreicher **Ausflugsverkehr** auf den Brandenburger Gewässern. Im März 1914 sind in Brandenburg 7 Fahrgastschiffe beheimatet. Im I. Weltkrieg ist der Ausflugsverkehr fast vollständig eingestellt.

Gründung der **Lineol-Spielwarenfabrik Oskar Wiederholz**.

Massenstreiks der Brandenburger Arbeiterschaft (ein vierwöchiger Streik im Februar der Brennabor-Arbeiter und ein fünfwöchiger Streik der Arbeiter in den Mühlen und in anderen Fahrradfabriken). Zur Unterstützung, insbesondere Rechtsberatung von Arbeitnehmern in Arbeitskonfliktfällen und in sozialen Härtefällen, wird ab 1. April auf Initiative der SPD und des Gewerkschaftskartells ein **Arbeitersekretariat** eingerichtet (Neust. Markt). Bereits im folgenden Jahr wurden fast 5000 Rechtsauskünfte erteilt.

1908 1. April; Einweihung der **Bismarckwarte** auf dem Marienberg.

In der Franz-Ziegler-Straße wird eine neue Volksschule (Doppelgemeindeschule) für die Kinder in der neu entstandenen Wilhelmsdorfer Vorstadt bezogen (**Franz-Ziegler-Schule**).

Am 8. Oktober ist der Bau des **Gaswerkes** in der Neuendorfer Straße beendet. Der Beschluß war 1905 gefaßt worden und der erste Spatenstich war im August 1906 erfolgt (1925 Erweiterung). Bereits 1862 war in der Schützenstraße (in der Nähe des jüdischen Friedhofes Geschwister-Scholl-Straße) eine erste Gasanstalt in Betrieb genommen worden.

1909   Prof. Dr. **Otto Tschirch** wird Vorsitzender des Historischen Vereins (bis 1936).
Der am 4. Juni 1858 in Guben geborene Historiker war 1884 als Lehrer der Saldria nach Brandenburg gekommen und seit 1894 Vorstandsmitglied des Historischen Vereins. Mit seinem Namen verbindet sich die Entwicklung einer umfassenden modernen Stadtgeschichtsforschung und Stadtgeschichtsschreibung. Er ist von 1899 bis 1929 Stadtarchivar und Initiator des Heimatmuseums in der Ritterstraße (siehe 1923). Mit seiner zweibändigen *Geschichte der Chur- und Hauptstadt Brandenburg an der Havel* von 1928 hat er sich ein bleibendes Verdienst für die Stadt erworben (gestorben am 13.3.1941).

1910   Am 4. November 1909 wird eine Volkshaus- GmbH aus Partei- und Gewerkschaftsvertretern mit Beteiligung der SPD gegründet, das ehemalige im Jahre 1835 errichtete Bürgerhaus *Stadtpark* Steinstraße 42 erworben und am 9. Januar 1910 als **Volkshaus** eingeweiht.
Die an der Rückseite des Volkshausgartens Neust. Heidestraße noch 1910 errichtete Herberge wird am 1. Oktober in Betrieb genommen.
Eine Umwandlung im polizeilichen Vollzugsdienst tritt ein; die kleinstädtischen **Nachtwächter** verschwinden; an ihre Stelle treten Polizeisergeanten.
Der 5 km lange Silokanal wird als Bestandteil des Mittellandkanals am 19. November eröffnet.
Von 1908 bis zum 18. Januar 1912 (Eröffnung) wird der **Umschlaghafen** mit 500 m Kaimauer, Gleisanschluß zum Altstädt. Bahnhof und einem 4000 kg-Last-Portalkran geschaffen.
Im Oktober erwirbt der Brandenburger Arbeiter-Turnverein ein etwa 16 000 qm großes Gelände in der Nähe der Ziesarer Landstraße. Im Sommer 1911 sind das **Turnerheim** und ein Turnplatz fertig. Ab 1913 finden hier die Hauptmaifeiern und andere große Sport- und Volksfeste statt.
Beschluß der Landesregierung, vor den Toren Brandenburgs im Gördenwald eine **Landesanstalt** für die Unterbringung und Pflege von Geisteskranken zu bauen. Sie soll 1914 zur Aufnahme von 1750 Kranken eröffnet werden.
Wegen Nutzung als Lazarett im ersten Weltkrieg (Belegungsbeginn 10.9.1914, Fertigstellung 1918) kann sie erst ab 1920 ihrer ursprünglichen Bestimmung dienen. 1914 entsteht auch das Pflegerdorf (siehe auch 1940 /NS-Euthanasiemorde).

1910/11   Beginn der Umgestaltung des **Kreisgartens** vom Rathenower Tor bis zum Beetzsee nach Erwerb der alten Ratsziegelei zwischen Ziegelstraße und Beetzsee durch die Stadt 1906 und deren Abriß. Entstehung einer repräsentativen Grünanlage entlang der Stadtmauer an der Gotthardtkirche (Kaiser-Otto-Ring, dann Walter-Rathenau-Platz).

1911   Am 1. April eröffnet die Grüne Linie den **elektrischen Straßenbahnbetrieb** auf der Strecke Staatsbahnhof (Hauptbahnhof)- Altstädtischer Bahnhof; später führen die Grüne Linie zur Mühlentorstraße, die Rote Linie zum Altstädt. Bahnhof, die Blaue Linie zum Görden und ab 24.12.1912 die Gelbe Linie nach Plaue. Der Fahrzeugpark besteht aus 16 Triebwagen.
Die Einstellung des Pferdebahnbetriebes erfolgt am 20. April. Dem war am 1. April 1910 der Kauf der Pferdebahn durch die Kommune vorausgegangen.

Der Wasserstand der Havel an der Jahrtausendbrücke ist wegen des heißen und trockenen Sommers so niedrig, daß der Besitzer der Gaststätte Havelterrassen (heute Fontaneklub mit der Kulturlabor-GmbH) Tische und Stühle in das **ausgetrocknete Havelbett** stellt, um hier seine Gäste zu bewirten. Auch der Beetzsee ist nur zu Dreiviertel seiner sonstigen Wasserfläche mit Wasser bedeckt, so daß der Hungerstein am Ostufer, etwa drei Kilometer nördlich der Schleuse, sichtbar ist.

1912 Hohenzollernfeier am 30. Mai mit **Kaiser Wilhelm II.** zum bevorstehenden 500. Jahrestag des Einzugs des ersten Hohenzollern in die Mark Brandenburg. Um 10 Uhr vormittags trifft der Kaiser mit dem Auto in der Stadt ein; nach der Einweihung der renovierten St. Katharinenkirche, des Kurfürstendenkmals und des restaurierten Altst. Rathauses verläßt er gegen Mittag wieder die Stadt. Am Vortage hatte der Reichstagsabgeordnete **Karl Liebknecht** im Volkshausgarten vor etwa 5000 Teilnehmern im Zusammenhang mit der Hohenzollern-feier vor der drohenden Kriegsgefahr gewarnt

1912-14 Der Saarländische Industrielle **Rudolf Weber** errichtet am Silokanal das erste **Stahl- und Walzwerk** im norddeutschen Raum - zwischen zwei großen Industriezentren der Metallverar-beitung: Berlin und Magdeburg und an einem bedeutenden Standort des Fahrzeugbaus. Die ersten Metallurgen kommen aus seinem vormaligen Betrieb im Saarland. Am 15. Mai 1914 findet die erste Schmelze statt, die erste Walze am 1. Juni 1914.
Ab 1. August 1914 arbeiten vier Siemens-Martin-Öfen zu 45 t Fassungsvermögen und ein Walzwerk mit je einer Grobblech- und einer Riffelblech-Walzstraße. Im Jahr 1917 wird das Werk von der Deutsch-Luxemburgischen Bergwerks- und Hütten- AG Bochum (Deutsch-Lux) übernommen, und am 24. November 1926 geht es mit der Gründung der Mitteldeut-schen Stahlwerke AG in den Bestand dieses Konzerns von Friedrich Flick ein (Mittelstahl).

1914 Im ersten Jahresviertel entstehen bei **Briest** die vom deutschen Flugpionier Ingo Etrich ge-gründeten **Hansa- und Brandenburgischen Flugzeugwerke AG** und ein Flugplatz (einer der ältesten deutschen Flugplätze).
Die Flugzeugproduktion beginnt am 1. April 1914. Der Standort wird 1916 durch eine Flie-gerschule erweitert. In Ausführung des Versailler Friedensvertrages wird 1919 das Werk liqui-diert.
Antikriegsdemonstration am 27. Juli mit etwa 4000 Teilnehmern im Volkshausgarten mit dem Redakteur der Brandenburger Zeitung Erich Baron. Letzte Großdemonstration in Bran-denburg bis Januar 1918.
Am 2. November beschließt die Reichsregierung den Bau einer **Pulverfabrik** in (Kirch)Möser. Am 8. Dezember wird den betroffenen Grundstückbesitzern die Enteignung der für die Werks-anlagen erforderlichen Flächen mitgeteilt, und im Januar 1915 ist Baubeginn. Mitte 1915 Ergänzung der Anlage durch ein Feuerwerkslaboratorium.
Für die Facharbeiter der Pulverfabrik wird die **Gartenstadt Plaue** geschaffen (heute unter Denkmalschutz).

1915   Eine auf dem Altstädt. Markt aufgestellte hölzerne Nachbildung des Brandenburger Rolands dient der Kriegsfinanzierung durch Nageleinschläge zu unterschiedlichen Preisen (**hölzerner Roland**). Gründung der **Pulverfabrik** in Kirchmöser. Baubeginn der Wohnsiedlungen in Kirchmöser und der Gartenstadt Plaue.

In Meeran in Tirol stirbt im Alter von 85 Jahren **Marie Maercker** aus der Brandenburger Kaufmanns-familie Maercker. Sie vermacht ihr gesamtes Vermögen in Höhe von 1 200 000 Mark der Stadt als Kranken- und Armenstiftung der Stadt Brandenburg. Gleichzeitig stiftet sie 20 000 Mark zur Er-richtung einer Abteilung für Augenkranke im Städtischen Krankenhaus (**Maerckerstraße**).

1916   In den Wintermonaten von 1916 bis 1917 erreichen durch **Hunger** und **Brennstoffmangel** die Zahlen der Erkrankungen und Sterbefälle - insbesondere durch übertragbare Krankheiten - das bis zu Dreifache des Durchschnittes der Vorkriegsjahre.

1917   Rudolf Weber muß sein Brandenburger Stahl- und Walzwerk an die **Deutsch-Luxemburgische Bergwerks- und Hütten AG** Bochum (Stinnes-Konzern) verkaufen.

1917-1923   wird auch in Brandenburg **Notgeld** herausgegeben. Der erste Gutschein im Wert von einer halben Mark wird vom hiesigen Bankverein am 1. Mai 1917 in Umlauf gebracht. Er ist bis Ende Februar 1918 gültig.

Mit fortschreitender Inflation müssen Geldscheine mit höheren Werten herausgegeben werden, zwei 100-Mark-Noten sowie ein 500-Mark-Schein am 1. Dezember 1922. Die Vorlagen zur Ge-staltung der Rückseiten mit den Ansichten bedeutender historischer Gebäude der Stadt stammen von dem namhaften Brandenburger Zeichenlehrer Walter Garski. Sammler zeigen seit 1921 ver-stärktes Interesse an örtlichem Notgeld. So stellen die Kommunen Spekulationsausgaben her, die möglichst viele Sammler zum Kauf anreizen und dem Herausgeber damit Gewinn bringen sollen. Es folgen im Verlaufe der Inflation 1923 weitere Ausgaben; die letzten sind nur noch einseitig bedruckt und ohne bildliche Darstellung.

1918   Ende Januar: Am gesamtdeutschen **Munitionsarbeiterstreik** beteiligen sich in Brandenburg etwa 8500 Angehörige von 17 Betrieben, insbesondere Frauen in der Munitionsproduktion (Brennabor, Excelsior, Pulverfabrik Plaue u.a.).

Am 25. Oktober feiert der **Historische Verein** sein 50jähriges Bestehen und bringt noch die Hoff-nung auf einen deutschen Sieg im Kriege zum Ausdruck. Zwei Wochen später, am 5. November, wirbt der Brandenburger Anzeiger für die 9. **Kriegsanleihe**: „Der letzte Augenblick. Darum zeichne unverzüglich."

Am 7. November werden die wichtigsten **Verbindungen mit Berlin** - der Zugverkehr und die Post- und Telegrafenverbindungen - **eingestellt**.

Brandenburg/Havel vom Ende des Kaiserreiches, in der Zeit der Weimarer Republik, bis zur Errichtung der NS-Herrschaft – 1918 bis 1933

9. 11. 1918 bis 18. 12. 1918 Durch ein Extrablatt der Brandenburger Zeitung wird am späten Nachmittag des 9. November die **Abdankung des Kaisers** mitgeteilt. Im Verlaufe des Nachmittags waren in den Kasernen bereits durch Soldatenvertreter den Offizieren Uniformabzeichen und Waffen abgenommen worden. Die 1. Kompanie des Reservefüsilierregiments 35 übernimmt die Garnisonswache. Die Vertreter von SPD und Gewerkschaften Otto Sidow, Franz Gemoll und der Garnisonsälteste General Kaempf treffen sich mit Oberbürgermeister Schleusener in dessen Wohnung, um Absprachen zur Sicherung der Ordnung und der Versorgung der Bevölkerung zu treffen. Im Volkshaus versammeln sich die in den Betrieben durch die Arbeiter gewählten Obleute und Vertreter der Soldaten. Ein **Arbeiter- und Soldatenrat** unter dem Vorsitz von **Erich Baron** wird gewählt. Am Volkshaus beginnt in den frühen Abendstunden eine **Massendemonstration** durch die Innenstadt, in der das Kriegsende und die Abdankung des Kaisers gefeiert werden.

Die **Stadtverwaltung** signalisiert die Bereitschaft zur Entgegennahme von Weisungen des Rates; und die Offiziere geben Ergebenheitserklärungen in den Kasernen ab.

Am 11. November findet in den Nachmittagsstunden die bisher **größte Demonstration** der Einwohnerschaft der Stadt statt.

Am 12. November wird „An die gesamte Einwohnerschaft Brandenburgs" ein **Aufruf des Arbeiter- und Soldatenrates** mit Bekanntgabe seiner Zusammensetzung und einer Mitteilung zum Sicherheitsdienst in der Presse veröffentlicht.

Für den **Magistrat** gibt der Oberbürgermeister Schleusener in einer Mitteilung vom 10. November bekannt: "Jeder Beamte ist an seinem Platz. Wir stehen in engster Verbindung mit dem A.- u. S.-Rat, in dessen Händen seit gestern die Führung liegt. Alle Beteiligten wollen die Ordnung. Jeder gehe ruhig an seine Arbeit."

Am 15. November wird auf Initiative des Liberalen Vereins auf einer Versammlung im Hohenzollernpark ein **Bürgerausschuß** gewählt.

Am 30. November erfolgt die Gründung der **Deutschen Demokratischen Partei** in Eschers Gesellschaftshaus in der St. Annenstraße, am 12. Dezember Gründung der **Deutschen Volkspartei** in Fortsetzung des Nationalliberalen Vereins unter Mitwirkung u.a. des Stadtarchivars Prof. Dr. Tschirch und am 18. Dezember auf einer Versammlung im Hohenzollernpark auf Initiative des Direktors der Ritterakademie Prof. Dr. Ziehen die Umbenennung des Konservativen Vereins in **Deutschnationale Volkspartei**.

1919 Anfang Januar: Gründung einer Ortsgruppe der **Kommunistischen Partei Deutschlands** (KPD). 7. Januar: Betriebsversammlungen, danach **Demonstration** in der Stadt unter der Losung: „Für die Regierung! Für Frieden, Ordnung und Brot! Gegen Spartakus und Anarchie!" 4. Februar: Erklärung des **Arbeiter-und Soldatenrates** für eine parlamentarische Republik. Erich Baron und andere Linke hatten zwischen dem 23. bis 25. Januar ihre Funktionen in diesem Rat niedergelegt.

Gründung der Partei Gewerblicher Mittelstand aus Handwerk, Hausbesitz und Kleinhandel; Vorsitzender ist Branddirektor Koehler.

Am 23. Februar findet die **erste Stadtverordnetenwahl** nach dem allgemeinen, gleichen, geheimen und direkten Wahlrecht statt. Die SPD erhält 27 Abgeordnetensitze, die DDP 10, der Gewerbliche Mittelstand 5, die DNVP/DVP 3, die USPD 2, die Christliche VP (Zentrum) 1, erstmalig sind drei Frauen darunter.

Im Herbst wird die Einrichtung eines **Wohlfahrtsamtes** als Zusammenfassung der bisherigen sozialen und „Armen-Verwaltung" beschlossen. Das Amt wird im Gebäude Neust. Markt 21/22 eingerichtet, ab Herbst 1922 am Altst. Markt 8/9. Amtsleiter ab 1. April 1920 Dr. Caspari.

Die **Volkshochschule** nimmt im Oktober die Arbeit auf. Die Stadt stellt die geheizten und beleuchteten Räume zur Verfügung und gibt einen Zuschuß von 6000 M. Die Hörer bezahlen eine Vorlesungsgebühr von 0,50 M die Stunde.

Die **Stadtbauräte** Moritz Wolf (Amtszeit 1919-1927, vorher Bauinspektor in Dortmund, danach Stadtbaurat von Hindenburg/ Oberschlesien, ab 1930 in Leipzig) und Karl Erbs (Amtszeit seit 1928, bisher Stadtbaurat in Reichenbach in Schlesien) prägen ab 1919/20 entscheidend die bauliche Entwicklung Brandenburgs in der Weimarer Zeit. Wolf ist Vertreter der traditionalistischen Richtung - Erbs vertritt die Neue Sachlichkeit.

1919/20 Die Kleinhaussiedlung **Wilhelmshof** an der Magdeburger Landstraße nach Plänen des Stadtbaudirektors Moritz Wolf wird von der Stadt errichtet und Ende Dezember 1920 fertiggestellt. Die Norddeutsche Siedlungsgesellschaft (im Bestand der Deutsch-Luxemburgischen Bergwerks- und Hütten-AG) erwirbt die Siedlung als Werkswohnungen für das Stahlwerk ($1\,^1/_2$- bis 3- Zimmerwohnungen mit Bad und Innentoilette). Miete für Werksangehörige: 27 - 31 Reichsmark. Nach der Kleinhaussiedlung beginnt der Bau von 15 Doppelsiedlungshäusern.

Zugleich beginnt die Siedlungstätigkeit südlich der **Gördenallee**; sie setzt sich bis in die 30er Jahr fort. 1923 Baubeginn für die **Zollbausiedlung**. Planungsbeginn für die Kriegerheimstätten eGmbH auf dem Görden.

1920 Am 13. März erreicht Brandenburg die Nachricht vom **Kapp-Putsch**. Am Nachmittag findet auf Initiative eines Aktionsausschusses der Gewerkschaften und Arbeiterparteien eine öffentliche Versammlung auf dem Trauerberg statt, die mit einem gewaltigen Demonstrationszug durch die Stadt endet. Alle in der Stadtverordnetenversammlung vertretenen Parteien verurteilen in einer öffentlichen Erklärung diesen Angriff auf die Demokratie. Am 15. März wird die Stadt von **Potsdamer Truppen** besetzt, die erst am 21. März wieder abrücken. Am 22. März früh wird überall die Arbeit wieder aufgenommen. Es sind 5 Tote und die Zerstörung einer Druckerei durch rücksichtsloses Vorgehen des Militärs zu beklagen

Der **Schiffsverkehr** durch die alte Stadtschleuse und damit durch den **Schleusenkanal** wird geschlossen.

11. März: Wahl des Königsberger Stadtrates **Walther Ausländer** zum Oberbürgermeister. Er ist der erste Sozialdemokrat im Amt des Oberbürgermeisters. Er stirbt am 15. Juli 1926.

Für eine zu errichtende Fußgängerbrücke über den Pumpergraben bei der Einmündung in die Havel werden vom **Kommerzienrat Krüger** 50 000 RM gestiftet.

Am 8. Januar 1922 wird sie als Gottfried-Krüger-Brücke eingeweiht. Sie überspannt den Graben in ungeteilter Bogenöffnung und ist, den Schiffahrtsinteressen Rechnung tragend, mit 3 m so hoch angelegt, daß Kähne mit Finowkanalmaß selbst bei höchstem Wasserstand die Brücke ungehindert durchfahren können (**Bauchschmerzenbrücke**).

In dem Zusammenhang erfolgt die Schaffung einer Promenade an der Havel, die den Namen **Spitta-Ufer** erhält (Heinrich-Heine-Ufer).

Am 29. September beginnt für Schüler, stillende und werdende Mütter und Kleinkinder eine **Quäkerspeisung** (Amerikanische Kinderhilfsmission der Gesellschaft der Freunde Quäker von Amerika). Am 1. Januar 1921 beginnt eine zweite Speisungsperiode über das gesamte Jahr. Bei den Kindern kann eine Gewichtszunahme bis zu 10 Pfund festgestellt werden. Die Lebensmittel haben einen Wert von 700 000,-RM.

Im Gefolge des Krieges hatten die Lungen- und Knochentuberkulose sowie die **Englische Krankheit** (Knochenerweichung) etwa 10 % aller Kinder und Jugendlichen erfaßt.

Vom 14. Oktober bis 26. Januar 1921 erfolgt eine Sperrung des gesamten Stadtgebietes wegen **Maul- und Klauenseuche**.

Im Fürsorgebezirk Brandenburg wohnen 1475 Kriegsbeschädigte.

1920/21   Die größtmögliche Einschränkung des Betriebes in den städt. Werken erfordert laufende **Entlassungen städtischer Arbeiter** (1. April 1920 : 430 Arbeiter, 1. Oktober 1921: 305 Arbeiter). Vom 10. bis 24. Januar 1921 **Lohnstreik** in der Metallindustrie in Brandenburg. Gestreikt wird in 14 Betrieben mit etwa 5000 Arbeitern. Ein neuer Tarif mit Lohn- und Urlaubsverbesserungen wird abgeschlossen. Ein erster Tarifvertrag war im März 1919 zwischen den Vertretern der Industrie unter Führung von Carl Reichstein jun. und den Gewerkschaften abgeschlossen worden.

1921   Am 10. April wird die **Carl-Reichstein-Stiftung** begründet, eine Anstalt für verkrüppelte oder von der Verkrüppelungsgefahr bedrohte junge Menschen, untergebracht im ehemaligen Kürassier-Offizierskasino in der Magdeburger Straße 16. Kommerzienrat Reichstein stellt dazu der Stadt eine Million RM zur Verfügung. Ihm wird durch die Ernennung zum Ehrenbürger gedankt.

Die im ersten Weltkrieg in Kirchmöser entstandene **Pulverfabrik** einschließlich dem ehemaligen militärtechnischen Institut und Feuerwerkslaboratorium wird von der Reichsbahndirektion Berlin übernommen und heißt ab Mai **Eisenbahnwerk Brandenburg-West** (später Reichsbahn-Ausbesserungswerk Kirchmöser/RAW).

Noch vorhandenen Lagerbestände an Munition und Sprengstoffen waren 1919 im Gefolge des Versailler Friedensvertrages auf der Halbinsel Wusterau gesprengt worden.

Im Rahmen des Ausbaus **Kirchmösers** zum **Industriestandort** werden von 1922 bis 1925 die Westsiedlung und von 1924 bis 1928 die Ostsiedlung errichtet.

Einzelne Parzellenbesitzer einer von 1919 bis 1921 existierten Siedlungsgemeinschaft Landheim schließen sich nach Liquidierung mangels staatlicher und kommunaler Unterstützung 1921 zur Genossenschaft **Eigene Scholle** zusammen. Beginn der Bautätigkeit 1922. 1929 werden Wegebenennungen vorgenommen (Birken-, Buchen-, Eichhorstweg).

Eine **Schutzpolizeischule** wird in Teilen der früheren **Kasernen** (Infanterie- und Kürassierkaserne) in der Magdeburger Straße eingerichtet. In Lehrgängen werden Polizeianwärter ausgebildet. Weitere Kasernenbereiche werden für die Hilfsschule (1921 in der Artilleriekaserne), für ein Altersheim, ein Waisenhaus und ein Säuglingsheim (1922) zur Verfügung gestellt. Das wurde durch **Stiftungen** der Firmen August Spitta & Söhne (100 000 RM) und der Corona- Fahrradwerke (10 000 RM) ermöglicht.

Zur Verminderung der Arbeitslosigkeit werden weiterhin **Notstandsarbeiten** ausgeführt wie Straßenbauarbeiten, Arbeiten am **Grillendamm** für eine neue dort geplante Badeanstalt (Aufschüttungen beiderseits des Grillendamms und am Beetzseeufer bereits seit 1919). Notstandsarbeiten werden auch in den folgenden Jahren fortgesetzt. Bis 1924 sind Sportplatzanlagen geschaffen.

Die neue **Badeanstalt** wird am 21. Mai 1922 unter großer Beteiligung der Bevölkerung eröffnet. Sie ersetzt die baufällig gewordene alte Badeanstalt an der Hammerstraße.

Im Herbst wird der **Verein der Freidenker und Feuerbestattung** gegründet, der schnell auf 3800 Mitglieder anwächst und 1930 eine Mitgliederzahl von 6015 erreicht. Auf seine Initiative faßt die Stadtverordnetenversammlung am 1. November 1923 den Beschluß, ein **Krematorium** zu errichten. Baubeginn ist der 15. Juni 1925, Einweihung am 17. Oktober 1926.

1922   Vom 1919 bis 31. März 1922 waren 304 **neue Wohnungen** geschaffen worden, u.a. 149 durch Neu- und Umbauten, 75 durch die Teilung übergroßer Wohnungen, 22 durch Dachausbau und 8 in Baracken.

Als von Januar bis März die größte **Kartoffelknappheit** in den Städten herrscht, ist Brandenburg in der Lage, an alle Einwohner in beliebiger Menge Kartoffeln zu verkaufen. Im Juni 1919 hatte es „Kartoffelunruhen" mit Plünderungen auf dem Altstädt. Bahnhof, in Fohrde und andere **Hungertumulte** gegeben.

1922/23   Der Vaterländische Frauenverein erbaut das **Martha-Lehmann-Heim** in der Kleinen Gartenstraße. Das Geld stellt Kommerzienrat Lehmann zur Verfügung. Im Durchschnitt finden 90 Kinder Aufnahme. Es ist eine **Warteschule** für Vorschulkinder und Kinderhort für Schulpflichtige.

1923   Am 15. April wird im Freihaus in der Ritterstraße das neue **Heimatmuseum** des Historischen Vereins der Öffentlichkeit übergeben. Das Haus war dem Verein durch den Besitzer Kommerzienrat E. P. Lehmann zur unentgeltlichen Nutzung übergeben worden.

In 15 Räumen konnte die in den zurückliegenden Jahrzehnten erheblich angewachsene historische Sammlung systematisch gestaltet präsentiert werden. Zu den gemeinsam mit Prof. Tschirch tätigen Gestaltern der Ausstellung und Sammlung gehören die Lehrer Boelke, Schlottmann, Studienrat Dr. Neumann, der Pfarrer Lic. Holtz, der Fabrikant Raschig und Maler Gast.

Im April gründet Prof. Dr. **Ziehen**, Oberstudiendirektor der Ritterakademie, mit 12 Bürgern die **Sozialnationale Vereinigung**, die später in die NSDAP aufgeht. Die ersten gewalttätigen Auseinandersetzungen mit faschistischen Gruppen finden am 30. Mai statt.

Am 11. April bricht im **Staatsgefängnis** am Nikolaiplatz eine Hungerrevolte aus. Ein großer Teil der Gefangenen waren Teilnehmer an den revolutionären Unruhen von 1919 bis 1921 in Berlin und Mitteldeutschland gewesen. Am 7. Mai findet dort eine weitere **Massenmeuterei** mit Ausbruch, Demonstration in der Stadt und Solidarisierungen durch Einwohner statt. Die Schutzpolizei setzt Schußwaffen ein. Damit im Zusammenhang werden erste Erwägungen zum Neubau eines Zuchthauses weit außerhalb der Stadt angestellt

Vom 11. bis 23. Juni wird in fast allen Betrieben gestreikt, 10364 Streikende sind gemeldet. Es kommt zu Straßentumulten und Unruhen. Insgesamt gibt es 22 **Streiks**, darunter 8 größere.

Neubau der **Luckenberger Brücke** in Betonbauweise. Die Gestaltung der neustädt. Uferbereiche beiderseits der Brücke (gegenüber und neben der AOK) erfolgt 1924.

Viele Einwohner der Stadt müssen wegen des geringen Angebots von Arbeit nach dem Ablauf der 26-wöchigen **Erwerbslosenunterstützung** die öffentliche Armenpflege in Anspruch nehmen. Am 15. Oktober kommt es zu *„Lebensmittelunruhen"* in der Stadt, wobei einige Lebensmittelläden durch Erwerbslose geplündert werden.

Herausgabe eines wertbeständigen **Notgeldes** in der Stadt. Erste Lohnzahlung am 30. Oktober auf einer soliden Grundlage mit dem (volkstümlich gen.) **Havel- Dollar**. Das Reichspapiergeld verschwindet dadurch in Brandenburg. Die **Inflation** erreicht Ende Oktober ihren Höhepunkt. Für ein markenfreies Brot werden am 15. Oktober 447 Millionen Mark gefordert. Infolge der Schaffung des wertbeständigen Geldes wird der Preis für ein ca 1800 g schweres Brot auf 70 Pfg. festgesetzt. Er senkt sich bis 31. März 1924 auf 45 Pf. Am 5. November wird durch eine Währungsreform die **Rentenmark** eingeführt. Ende der Inflation. Mit Ablauf des Wirtschaftsjahres 1922/23 hört die am 1. Februar 1915 eingeführte **Zwangsbewirtschaftung** des Getreides auf.

Am 13. November wird eine **Bauordnung** für die Stadt erlassen. Das Stadtgebiet ist in einzelne Baustaffeln eingeteilt, die auf das strengste zwischen Wohnvierteln, Industriegelände und Grünland unterscheiden. Damit wird die bisherige Planlosigkeit beseitigt, in der z. B. Fabrikgrundstücke mitten in Wohnviertel gerieten.

1924   Am 4. März wird der **Ortsausschuß für Jugendpflege** gegründet. Durch den Ortsverband der Vereine für Jugendpflege, das Arbeiter-, Kultur- und Sportkartell und die Vertreter des Ortsausschusses für Leibesübungen sind alle Jugend- und Sportvereine vertreten.

Die **Wahlen zur Stadtverordnetenversammlung** am 4. Mai ergeben 44,4% für den Bürgerblock, 37,3% für die SPD, 14,6% für die KPD und 3,7% für die Polizeiliste; der Bürgerblock stellt 19 Abgeordnete, die SPD 16, die KPD 6 und die Polizei 1. Die Wahlbeteiligung beträgt 84,7%.

Durchquerung des Kasernenviertels von der Magdeburger Straße (gegenüber der Fouquéstr.) zur Vereinsstraße mit der **Fichtestraße**. Sie soll zur Entlastung der viel zu eng gewordenen Hauptstraße und Ritterstraße dienen. In diesem Zusammenhang ist für später eine Havelbrücke im Zuge der Roonstraße (Clara- Zetkin-Str.) geplant. Die Belegung von Kasernen für zivile Zwecke wird fortgesetzt: Die Verlegung der 6. Grundschule/Fontaneschule und die Einrichtung eines Ledigenheimes für etwa 60 auswärtige Facharbeiter.

Mit dem **Abbruch der Budenhäuser** in der Petersilienstraße verschwindet ein bedeutendes sozialgeschichtliches Denkmal. Die Budenleute waren eine städtische dienstpflichtige Arbeiterschicht, die sich in Brandenburg während der 2. Hälfte des 16. Jahrhunderts herausgebildet hatte (die letzten Budenhäuser nach Abriß der Buden im Deutschen Dorf).

1924/25 An der Unterhavel wird die Vereinsbadeanstalt der **Freien Schwimmer** mit staatlicher und städtischer Unterstützung auf städtischem Grund und Boden errichtet. Sie steht den Schulen zur unentgeltlichen Benutzung zur Verfügung. Die Freien Schwimmer richten 1925 an den Freibadestellen Malge, Buhnenhaus und Gördensee Rettungswachen ein.

1925 Stadtbaurat Wolf legt den Stadtverordneten und dem Magistrat am 19. Februar den Entwurf eines **General-Siedlungsplanes** für das Wirtschaftsgebiet der Stadt Brandenburg (Havel) vor. Erster Perspektivplan zur langfristigen Stadtentwicklung.

Anfang März wird mit den Projektarbeiten zum Erweiterungsbau für das städtische **Krankenhaus** begonnen, Mitte August Beginn der Bauarbeiten.

Am 10. März wird ein **Krankenkraftwagen** in Betrieb genommen, der vom 10.3. bis 31.12.1925 650 Fahrten innerhalb der Stadt und 158 außerhalb der Stadt fährt; davon sind 70 Nachtfahrten.

30. April: Gründung der **Nationalsozialistischen Deutschen Arbeiter-Partei** (NSDAP) in Brandenburg durch 9 Vertreter des Kleinbürgertums. Dieser Partei schloß sich die Sozialnationale Vereinigung von Prof. Ziehen an. Später folgen Vertreter der Unternehmerschaft und in der Zeit zunehmender Arbeitslosigkeit – vor allem ab 1929 - auch der Arbeiterschaft.

Am 15. Mai (Stichtag 1. Mai) erfolgt eine **Wohnungszählung.** Danach sind in Brandenburg 1 785 Familien ohne eigene Wohnung. Die Einwohnerzahl steigt von 52 071 im Jahr 1920 auf 60 182 im Jahr 1925.

Das Wohnungsamt stellt für mittellose **Hauseigentümer** zur Verhinderung von Verfall Instandsetzugsdarlehen in Höhe von 15 000 RM bereit.

Am 1. Mai ist die **Zollbausiedlung Memelland** mit 22 Häusern auf dem **Görden** fertiggestellt (nach dem Entwickler der Zollbauweise Baurat Zollinger).

Die Neuanlage und Bebauung von Straßen macht deren Benennung notwendig. Es werden Straßennamen gewählt, die an durch den Versailler Vertrag entrissene Gebiete erinnern sollen. Am Anfang des Gördenweges an Ostpreußen (Memelland), nördlich des Silokanals an Westpreußen (Danzig u. a.) und an Schlesien (Hultschin u.a.), südlich des Silokanals, an der Magdeburger Landstraße, Namen vom westlichen Grenzgebiet (Malmedy u. a.). Es werden aber auch Örtlichkeiten berücksichtigt, z. B. Am Gallberg und bedeutende Brandenburger Persönlichkeiten, z. B. Gobbin.

Am 13. Juli kommt es in einzelnen Betrieben zu Teilstriks, die binnen einer Woche zur **Stillegung sämtlicher Betriebe der Metallindustrie** führen. Am Lohnkampf sind über 10 000 Arbeiter und Arbeiterinnen beteiligt. Nach 10-wöchiger Arbeitspause wird die Arbeit am 21. Septemeber fast allgemein wieder aufgenommen. Dem äußerst erbitterten Wirtschaftskampf folgt im 2. Halbjahr ein außergewöhnlicher Niedergang der gesamten Wirtschaft, eine **Wirtschaftskrise.** Es kommt zu Arbeitszeitverkürzungen oder Stillegungen in fast sämtlichen Betrieben.

Ab 1. August ist **Friedrich Ebert**, Sohn des verstorbenen Reichspräsidenten, verantwortlicher Redakteur der sozialdemokratischen Brandenburger Zeitung. Ab Juni 1927 ist er Mitglied der Stadtverordnetenversammlung und ab 12. Dezember 1929 ihr Vorsitzender.

Mai 1928 wird er Mitglied des Reichstages, 1927 Vorsitzender des SPD-Unterbezirks, 1933 kommt er in das KZ Oranienburg, 1945 Landesvorsitzender der SPD, 1946 der SED (paritätisch mit Willi Sägebrecht), später Oberbürgermeister von Berlin (Ost).

2. August: **Garnisonstag** konservativer und nationalistischer Wehrverbände in Brandenburg. An dem Aufmarsch waren etwa 3000 Angehörige des Stahlhelm und etwa 700 des faschistischen Frontbann (später SA), vorwiegend aus Berlin und der Provinz, beteiligt. Tumult bei einem Sturm auf das Volkshaus.

Neubau der **Steintorbrücke** nach Plänen des Stadtbaurates Dr. Ing. Moritz Wolf. Baubeginn 11. März 1925 mit Abbruch der alten Brücke, Einweihung am 1. November 1925.

Ein weiterer wichtiger Brückenbau beginnt Ende August 1926 mit der **Brücke zwischen Hausmann- und Linienstraße** über den Jakobsgraben. Damit verkürzt sich für die vorwiegend in der Wilhelmsdorfer Vorstadt wohnenden Arbeiter der Weg in die Brennabor- und Coronawerke. Den Beschluß dazu fassen die Stadtverordneten in einer Kampfabstimmung mit der Mehrheit beider Arbeiterparteien SPD und KPD gegen den Widerstand der bürgerlichen Parteien.

1926 9. Mai **Roter Tag,** Massenkundgebung mit dem Vorsitzenden der KPD **Ernst Thälmann** auf dem Grillendamm (etwa 5000 Teilnehmer).

Bau einer Schleuse für den Sportbootverkehr am Steintorturm (die **Sportschleuse** ist 22 m lang und 5,30 m breit). Die alte Schleuse ist 1920 geschlossen worden und der Schleusenkessel zugeschüttet.

Gründung der Vereinigten Stahlwerke AG. **Übernahme des Stahl- und Walzwerkes durch den Friedrich-Flick-Konzern** (später Mitteldeutsche Stahlwerke AG, Sitz Riesa, gen. Mittelstahl) Bis 1940 wesentliche Kapazitätssteigerungen: von 4 auf 7 Siemens-Martin-Öfen (von ursprünglich 40t auf 100t Fassungsvermögen), Ergänzung durch 4 Elektroöfen, Erweiterung von 2 auf 3 Walzwerke, ab 1940 Quenz-Werk (staatlich) für Panzerproduktion. Rüstungsschwerpunkt.

1925/29 Bau des Gebäudes der Hauptverwaltung (Klinkerfassade mit expressionistischer Dekoration) und Folgebauten (Casino ect.).

Beschluß der Stadtverordnetenversammlung vom 25. November über die Besetzung des Oberbürgermeisterpostens durch Stadtrat **Dr. Ernst Fresdorf** aus Magdeburg (SPD) durch Losentscheid. Einführung am 30. Dezember.

1924-27 In diesen Jahren werden in Brandenburg 1137 **Wohnungen gebaut** (1924: 143, 1925: 154, 1926: 321, 1927: 519). Trotzdem gibt es am 1.1.1928 noch immer 474 dringlich eingetragene Wohnungssuchende. Im Jahr 1927 entstehen am Stadtrand neue Eigenheime (auf dem Görden, in der Göttiner Straße, Göttiner Landstraße und Feldstraße).

1927 Jahr der **Hochkonjunktur**. Die Zahl der Erwerbslosen von fast 2000 zu Beginn des Jahres sinkt auf 80 am 1. Oktober. Die Belegschaft der **Brennaborwerke**, die am 1. Februar etwa 5000 beträgt, steigt bis Ende Juni auf etwa 7900. Die Beschäftigten produzieren 8200 Kraftwagen, 115 000 Fahrräder und 165 000 Kinderwagen. Die Brennaborwerke erreichen damit die höchsten Produktionszahlen. Am 23. 12. wird der größte Teil der Brennaborwerke wieder vorübergehend stillgelegt und die **Belegschaft entlassen**. Am Jahresschluß beträgt die Arbeitslosenziffer in der Stadt wieder 3758.

Es wird ein **Wirtschafts- und Verkehrsamt** gebildet, das Wirtschaftswerbung durch Herausgabe von Sonderschriften und Werbeprospekten für Brandenburg betreibt, die Beziehungen zur einheimischen Wirtschaft vertiefen, Kongresse und Tagungen hier vorbereiten soll. So haben bereits im Jahr 1927 eine Anzahl größerer Vereine und Verbände ihre Hauptagungen und andere Veranstaltungen nach Brandenburg verlegt.

Am 6. März findet auf dem Neuendorfer Exerzierplatz der erste **Großflugtag** statt. Vier Piloten und ein Fallschirmspringer zeigen vor tausenden von Brandenburgern die hohe Kunst der Fliegerei.

Ostern entsteht eine **Sammelschule** (auch Weltliche Schule genannt) im ehemaligen Gymnasium am Katharinenkirchplatz 5 auf Beschluß der städtischen Körperschaften am 9./10. Februar 1927. Die Schule nimmt mit 14 Klassen und 14 Lehrkräften den Unterricht auf. Schulleiter wird Lehrer **Otto Bernhard Wendler** aus Kirchmöser (auch als Schriftsteller tätig; u.a. die gesellschaftskritischen Romane *Soldaten Marien* und *Laubenkolonie Erdenglück*).

Die Schule wird aufgrund des steigenden Zuspruchs ab Ostern 1928 auf 19 Klassen und Ostern 1929 auf 22 Klassen erweitert. Die erweiterten Klassen sind in der früheren Gotthardtschule (Fontaneschule) untergebracht.

Die wegen **Mandatsniederlegungen** von SPD und KPD erforderlich gewordene **Stadtverordnetenwahl** am 15. Mai bringt der SPD wieder mehr Stimmen: 49,9% = 22 Abgeordnete, Vereinigte Bürgerliste 32,4% = 14 Abgeordnete, KPD 11,1% = 5 Abgeordnete, Liste der Mitte 6,6% = 3 Abgeordnete. Die Wahlbeteiligung beträgt 82,9%. Der Übergang des KPD-Abgeordneten Feldhahn zum Bürgerblock hatte die Mandatsniederlegungen und die Auflösung der Stadtverordnetenversammlung durch das Preußische Staatsministerium verursacht.

Am 1. Juni beginnen die Vorarbeiten an der Baustelle für ein neu zu errichtendes **Zuchthaus** als Modell für humanitären Strafvollzug. Brandenburg erhält den Vorzug vor anderen Bewerberstädten, weil es ein baureifes Gelände von 43,5 ha in der Altstädtischen Forst (Gördenwald) anbieten kann. Errichtung von 1928 bis 1931 (15. Dezember 1931 Teilübergabe zur Nutzung). Die weiteren erforderlichen Bauten folgen bis 1935. Es gehört zu den größten europäischen Strafvollzugsanstalten.

Errichtung eines **Schwesternhauses** der Ordensgemeinschaft des 3. Ordens des hl. Franziskus der Gemeinschaft der Armen Schulschwestern von Vöklabruck in der Neustädtischen Heidestraße. Aufgabengebiete sind ambulante Krankenpflege, Pfarrkindergarten und Hort.

Im selben Jahr ist Baubeginn für das **Katholische Krankenhaus** in der Bergstraße (ehemalige Gaststätte und Sommertheater Ahlerts Berg).

Neben das städtische Fürsorgewesen tritt ein sozialdemokratischer Ausschuß für **Arbeiterwohlfahrt**, der unter anderem im **Havelgut** bei Plaue ein eigenes Kindererholungsheim errichtet.

Das **Stadttheater**, das bisher verpachtet war, wird mit Beginn der neuen Spielzeit in eine GmbH umgebildet. Gesellschafter sind die Stadtgemeinde Brandenburg, der Bühnen-Volksbund e.V. und der Verband der Deutschen Volksbühnen-Vereine e.V. Das Theater ist in einen reinen Schauspielbetrieb umgestellt worden.

Die GmbH wird am 9. 6. 1931 auf Beschluß der Gesellschafterversammlung wieder aufgelöst. Die Leistung des städtischen Zuschusses wird eingestellt; der Theaterdirektor Meyersieden- Genesius aus Gelsenkirchen pachtet das Theater ab 1. 9. 1931 und steht danach unter schwerstem wirtschaftlichen Druck.

Am 6. September stirbt der sozialdemokratische Stadtverordnetenvorsteher und Ehrenbürger **Otto Sidow**, eine Persönlichkeit mit großen kommunalen Erfahrungen und hohem Ansehen in allen Schichten der Bevölkerung. Die Beisetzung findet unter Beteiligung großer Teile der Brandenburger Einwohnerschaft am 12. September auf dem Ehrenplatz im Urnenhain des Krematoriums statt.

Otto Sidow war von 1919 bis 1924 und 1926 bis 1927 Stadtverordnetenvorsteher, 1919 Abgeordneter der Nationalversammlung, danach des Reichstages, ab 21. 12. 1922 Ehrenbürger der Stadt, Vorsitzender des Provinzialverbandes und des Unterbezirks der SPD. Er war bis 1925 Leiter des Brandenburger Parteiverlages Otto Sidow & Co.

Im Herbst wird mit der Stimmenmehrheit der beiden Arbeiterparteien SPD und KPD in der Stadtverordnetenversammlung die Errichtung des **Wohlfahrtsforums** am Zusammenfluß von Havel und Schleusenkanal beschlossen. Gleichzeitig mit diesem Objekt wird 1927/28 die Kanalbrücke Bauhofstraße errichtet. Fertiggestellt werden bis Ende 1929 das Gebäude der AOK, und bis 1930 die Schwimm- und Turnhalle. Einweihung des **Friedrich-Ebert-Bades** am Verfassungstag 1930 (11. 8.) in Anwesenheit der Witwe des ehemaligen Reichspräsidenten Ebert.

1928 Der Magistrat richtet ein **Presseamt** ein. Es soll die Öffentlichkeit über alle Aufgaben der städtischen Verwaltung gut und schnell unterrichten und die gesamte Bürgerschaft dadurch zu einer verantwortungsbewußten Mitarbeit anregen.

Mit dem **Wohnungsbauprogramm** dieses Jahres gelingt es, die monatliche Miete für eine 53 m^2 große Zweizimmerwohnung mit Küche, Bad/WC und Ofenheizung auf 30 - 35 RM zu begrenzen. Hingegen liegt die Monatsmiete für Wohnungen aus den Jahren 1924-27 bei 42 - 48 RM. Die erneute schlechte **Wirtschaftslage** trifft besonders die Fahrzeugindustrie. Im Januar liegt die Erwerbslosenziffer zwischen 1200 und 1500 und erreicht im Dezember einen Höchststand von 4722 Arbeitslosen. Im Januar liegt die Zahl der Unterstützungsempfänger in der Arbeitslosenversicherung noch unter dem Reichsdurchschnitt, um ihn am Jahresende weit zu übertreffen. Von Januar 1928 bis März 1929 hat sich die Zahl der Krisenunterstützungsempfänger mehr als verzehnfacht.

Von Prof. Dr. **Otto Tschirch** (1858 - 1941, siehe auch 1909) erscheint die zweibändige "**Geschichte der Chur- und Hauptstadt Brandenburg an der Havel**", im Auftrage der städtischen Behörden als Festschrift zur Jahrtausendfeier verfaßt.

Eine 2. Auflage wird 1936 herausgegeben, welche jedoch nach Erscheinen vom Reichspresseamt des Propagandaministerium verboten wird und von der NSDAP eingezogen wird. Eine letzte und 3. Auflage erscheint 1941 in veränderter Ausführung.

Von Lehrer **Friedrich Grasow** (1881 - 1958) erscheint als städtisches Auftragswerk „Brandenburg die tausendjährige Stadt - Ein Gang durch Kultur und Baukunst vergangener Jahrhunderte". Neben Prof. Tschirch und seinem Nachfolger 1929 im Stadtarchiv, Dr. Hans Neumann, ist Grasow der herausragende **Heimatforscher** der zwanziger und dreißiger Jahre, Verfasser heimatkundlicher Aufsätze und Herausgeber zahlreicher heimatkundlicher Schriften.

An der Klingenbergstraße werden Wohnhäuser für Mieter aus abbruchreifen alten Wohnhäusern errichtet (u. a. auch für sozialgeschädigte Mieter). Die Wohnungen bestehen aus Stube und Küche oder Stube, Kammer, Küche mit etwa 42 m² Wohnfläche und kosten 20 - 26 RM Monatsmiete. Es sind Häuser in zweigeschossiger Bauweise in Hofform mit Kinderspiel- und Rasenplätzen in den Blockmitten. Acht Wohnungen haben ein gemeinsames Badezimmer.

Das an der **Klingenbergstraße** angrenzende Gelände wird als Wohnlaubengebiet ausgewiesen. Aufgrund starker Nachfrage erfolgt eine Erweiterung.

1929 Am 4. Januar beginnt die Ausgabe eines **Milchfrühstücks** an bedürftige Schulkinder. Eine Umfrage in den Schulen ergibt, daß von 968 Knaben 341 = 35,1% keine eigenes Bett haben, bei den Mädchen sind es 254 = 33,9%. Als Ursache wird Raummangel angegeben.

In der Krisenfürsorge verzehnfacht sich die Zahl der Unterstützungsempfänger von Januar 1928 bis März 1929.

Eingemeindung von Dom-Brandenburg und Neuendorf (vorher zu Westhavelland gehörend) lt. Gesetz des Preußischen Landtags vom 25.3.29, gültig ab 1. April.

Am 1. Oktober 1928 waren die Gutsbezirke Burg-Brandenburg, Neuendorf, Neustadt-Forst und Plauerhof eingemeindet worden.

Konkurs der Corona-Fahrradwerke (gegr. 1891) und der Elisabethhütte.

Die **Brennaborwerke** machen im November 1931 Konkurs (Januar 1932 Umwandlung in eine GmbH). Am 6. September beginnt mit einer Festsitzung der städtischen Körperschaften die **Jahrtausendfeier**. Die Festrede hält Stadtarchivar Dr. Hans Neumann. Am 7. September erfolgen die Grundsteinlegung für das Hallenschwimmbad und die Einweihung der **Jahrtausendbrücke** (Baubeginn August 1928).

Die **Stadtverordnetenwahlen** vom 17. November bringen auch der NSDAP 4,9% und damit 2 Stadtverordnetensitze. KPD 9,1% = 4 Sitze, SPD 47,9% = 22 Sitze (unverändert), Zentrum 2,1% = 1 Sitz, Liste der Mitte 3,9% = 1 Sitz, Bürgerliche Arbeitsgemeinschaft 32,1% = 15 Sitze, Wahlbeteiligung 88,7%.

1929/30 Die Zahl der **Arbeitslosen** wächst von 2988 im April 1929 auf 4726 im März 1930. Zwischen 1930 und 1932 befindet sich Brandenburg an 7. Stelle im Reichsdurchschnitt der Erwerbslosigkeit. Im Ergebnis der **Weltwirtschaftskrise** sind bis 1932 etwa 48% der Einwohner von Arbeitslosen-, Krisen- oder Wohlfahrtsunterstützung abhängig.

1930 Am 7. Januar wird das **Feuerwehrgebäude** Franz-Ziegler-Straße übergeben (Fuhrpark), Verlegung der Feuerwache vom Rathaus zum Fuhrpark.

11. August: Einweihung des Wohlfahrtsforums (AOK) mit dem Friedrich-Ebert-Bad (Hallenbad).

1931 Wegweisend für den Erlaß der Richtlinien zur vorstädtischen Kleinsiedlung und Bereitstellung von Kleingärten für Erwerbslose des zuständigen Reichskommissars vom 7. 11. 31 gilt das **Modell der Kleingartenpolitik der Stadt Brandenburg**. Im März 1931 entstehen an der Klingenberg- und Gobbinstraße die ersten Erwerbslosensiedlungen mit 98 Selbsthilfebauten in Doppelhausform. Im Oktober 1931 werden die Häuser bezogen. 320 Siedlungswillige warten zu dieser Zeit auf eine Parzelle. Vorausgegangen war der Wohnlaubenbau.

Erstmalige Förderung von Selbsthilfesiedlungen. Erstellung von 97 Kleinsteigenheimen. Dazu werden 219 000 RM bereitgestellt. Schaffung von Kleingartenanlagen für Erwerbslose (u. a. Sportpark in der Wilhelmsdorfer Landstraße).

Am 19. Mai wird von 20 bis 21 Uhr eine **Rundfunkreportage** über die Stadt Brandenburg gesendet. Sie erweist sich als eine äußerst wirksame Verkehrs- und Wirtschaftspropaganda für die Stadt und findet allgemein Anklang.

Ab Oktober stehen Etatmittel für die **Volkshochschule** nicht mehr zur Verfügung. Da die Dozenten weitgehend auf Entschädigung verzichten, können die Veranstaltungen weitergeführt werden.

1932 Die starke Zunahme der Zahl der **Wohlfahrtserwerbslosen** erfordert die Neuschaffung von Abfertigungsstellen im Fürsorgeamt. 48% der Einwohner leben ganz oder teilweise von Arbeitslosen-, Krisen- oder Wohlfahrtsunterstützung.

Im Februar endet die Amtszeit des Oberbürgermeisters Fresdorf nach dessen Wahl zum 1. Beigeordneten der Stadt Köln. An seine Stelle tritt **Paul Szillat**, Stadtrat und Stadtkämmerer aus Rathenow bis zur nationalsozialistischen Machtübernahme.

Reichspräsidentenwahl in zwei Wahlgängen (13. März und 10. April).

Ergebnisse (für die Hauptkandidaten):

Für Hindenburg   am 13.3. = 48,0 % / am 10.4. = 49,5%,

für Hitler   am 13.3. = 32,8 % / am 10.4. = 41,3%,

für Thälmann   am 13.3. = 12,4 % / am 10.4. = 9,2%.

An den höheren Schulen werden 6 Lehrerstellen eingespart, an Mittelschulen 10, an Volksschulen 28.

21. Juli: **Großkundgebung der SPD** im Schweizergarten (heute Brandenburger Theater im CCC) mit Ernst Heilmann, Fraktionsführer der SPD im Preußischen Landtag (etwa 6000 Teilnehmer). Das ist ein Tag nach der Absetzung der Preußischen Regierung durch das Kabinett Papen auf dem Weg der Notverordnung.

27. Juli: **Großkundgebung mit dem Führer der NSDAP Adolf Hitler** am Altstädt. Schützenhaus (vor der Brielower Brücke) mit etwa 15 000 Teilnehmer – vorwiegend aus den Landkreisen des Regierungsbezirkes Potsdam. Tumulte in der Stadt mit Verprügelung von Einwohnern durch Begleitmannschaften Hitlers.

Die Stadt Brandenburg in der Zeit des Nationalsozialismus – 1933 bis 1945

1933 In der Stadt Brandenburg gibt es am 31. Januar 10 378 registrierte **Arbeitslose**, das ist ein Drittel der Erwerbsfähigen. Am 31. August 1935 zählt die Stadt noch 603 Menschen ohne Anstellung, das liegt über dem Reichsdurchschnitt.

30. Januar und 2. Februar: **Aufmärsche** bzw. Fackelzug (2. 2.) der nationalkonservativen und faschistischen Kräfte durch die Stadt. Zusammenstoß mit Angehörigen der Antifaschistischen Aktion zwischen Trauerberg und Steinstraße.

20. Februar: Schlägerei zwischen etwa 20 provozierenden SA- und SS-Leuten und etwa 40 Angehörigen des sozialdemokratisch orientierten Reichsbanner in der St. Annenstraße.

Das wird als Anlaß dafür verwendet, daß am 1. März der sozialdemokratische **Polizeidirektor Albrecht** beurlaubt und am 5. März von seiner Funktion entbunden wird.

In der Nacht vom 27. zum 28 . Februar brennt der Reichstag:

28. Februar: Um 4.00 Uhr wird ein Großalarm für die Brandenburger Polizei ausgelöst, gesucht wird der Reichstagsabgeordnete der KPD Max Herm der sich aber nicht in Brandenburg aufhält. Es beginnen bei 25 Genossen der Brandenburger KPD-Organisation Hausdurchsuchungen, zu Verhaftungen kommt es noch nicht.

Im März wird die sozialdemokratische Brandenburger Zeitung verboten, die Tätigkeit des Verlages Otto Sidow u. Co. eingestellt, die Druckerei danach in Privateigentum überführt.

 8. März: Aufmarsch der nationalsozialistischen und konservativen Kräfte in Brandenburg am Neustädtischen Rathaus. **NS-Machtübernahme** durch Besetzung des Rathauses mit Hissen der Hakenkreuzfahne und der Fahne Schwarz-Weiß-Rot am Rathaus.

 Am 11. März ordnet Göring als Preußischer Minister des Innern die **Verhaftung aller kommunistischer Reichs- und Landtagsabgeordneter** an. Max Herm - KPD-Reichstagsabgeodneter für Brandenburg - wird am 4. April in Berlin durch die SA verhaftet und in das Konzentrationslager Oranienburg gebracht. Im August wird auch Friedrich Ebert, Reichstagsabgeordneter der SPD und Chefredakteur der Brandenburger Zeitung, dort eingeliefert.

Die letzte **Stadtverordnetenwahl** am 12. März ergibt in Brandenburg eine knappe bürgerliche Mehrheit. SPD (36,0%) und KPD (9,7%) erhalten zusammen mehr Stimmen und Mandate als die NSDAP (42,4 %), die nationale Mehrheit wird nur mit Hilfe der Bürgerlichen Arbeitsgemeinschaft (9,5 %) und durch die Annullierung der KPD-Mandate erreicht.

Durch den Regierungspräsidenten in Potsdam werden am 20. März der **Oberbürgermeister Szillat** (SPD), der 2. Bürgermeister, die besoldeten und unbesoldeten Stadträte aus ihrer Funktion **beurlaubt**. Weitere Beurlaubungen in der Stadtverwaltung folgen.

Wie in ganz Deutschland beginnt auch in Brandenburg am 1. April der "Kampf gegen das Judentum". Der von der SA organisierte **Boykott jüdischer Geschäfte** ist die erste öffentliche Aktion gegen die jüdischen Mitbürger in Brandenburg.

29. März: **Auflösung der Sammelschule** (Weltliche Schule).

Es folgen Maßregelungen namhafter Reformpädagogen wie: Otto Bernhard Wendler, Johannes Senkpiel, Fritz Niefindt und Erich Funke. Das Schulgebäude am Katharinenkirchplatz 5 wird Kreisstelle der NSDAP.

Am 2. April tritt die am 12. März gewählte **Stadtverordnetenversammlung** zusammen. Eröffnung durch Festgottesdienst in der St. Katharinenkirche (durch Pfarrer Wiesner). Fortsetzung im Gesellschaftshaus Escher St. Annenstraße.

Die Mandate der KPD sind annulliert. Vertreter der SPD werden nicht mehr in den Vorstand und in die Ausschüsse gewählt. Sie werden gegen Ende der Versammlung durch SA aus dem Saal geprügelt.

1. Juni: **Metallarbeiterversammlung** im Volkshaus: Protest gegen die NS-Gleichschaltungspolitik (NSBO). Danach Verhaftung des Ortsvorsitzenden des Deutschen Metallarbeiterverbandes Heinrich Witt und Überführung in das KZ Oranienburg.

Enteignung und Privatisierung des Volkshauses durch eine Treuhandverwaltung. (NS-Zeit: Märkisches Haus)

Ende Juli: **Evangelische Kirchenwahlen**. Die hitlertreue Listenvereinigung Deutsche Christen erhält etwa 85 % der Stimmen. Die oppositionellen Kräfte (später: Bekennende Kirche) gewinnen danach an Einfluß.

Von Juli 1933 bis Anfang 1934 ist das alte **Zuchthaus in der Neuendorfer Straße** (heute Stadtverwaltung) eines der ersten **Konzentrationslager** Preußens. 1933 ist das Brandenburger KZ mit etwa 1 100 Antifaschisten belegt. Die Bewachung stellt die SS.

In diesem Gebäude wird nach einer großen Verhaftungsaktion (45 Brandenburger) am 22. September 1933 die kommunistische Brandenburger Stadtverordnete **Gertrud Piter** gefoltert und ermordet. Auch der namhafte Rechtsanwalt Hans Litten und der Dichter Erich Mühsam werden gefoltert.

1934 2. - 10. Juni: **Heimatwoche**, u. a. mit historischem Festumzug (als "Ersatz" für den zur Jahrtausendfeier ausgefallenen historischen Umzug), Historienspiele wie Albrecht der Bär, Jarl Iron von Brandinaburg u.a.

August: **Volksabstimmung** zur "Bestätigung" der NS-Macht: 82,7 % Ja-Stimmen, z. T. unter psychologischem Druck.

November: Letzte große **Verhaftungswelle** nach illegalen widerständischen Flugblattaktionen. Verhaftung von 76 Brandenburgern, vorwiegend der KPD, auch der SAP (Sozialist. Arbeiterpartei) und der SPD. Im Mai 1935 werden hohe Zuchthausstrafen ausgesprochen.

Im Sommer wird mit dem **Bau der Autobahn Berlin-Hannover** begonnen.

Im August 1936 wird der Brandenburger Abschnitt der Autobahn Berlin-Magdeburg - Westdeutschland dem Verkehr übergeben, etwas später die Strecke Berlin-Niemegk-Leipzig Süddeutschland. Etwa 800 Brandenburger erhalten dabei vorübergehend eine Arbeit.

Das Areal **Briest wird in die beginnende deutsche Luftrüstung eingebunden**. Nach einem schnellen Ausbau ab 1936 folgt eine Nutzung als Fliegerhorst der deutschen Luftwaffe.

Stationiert wird hier ab 1938 bis 1944 die einzige Fluglehrerschule der Luftwaffe, 1939 das Jagdgeschwader 20, 1942/43 das Kampfgeschwader 50 und 1944/45 das erste Düsenjagdgeschwader der Welt, das JG 7.

Im September beginnt der Aufbau eines Zweigwerkes der in Warnemünde ansässigen **Arado-Flugzeugwerke** GmbH. Am 11. April 1935 verläßt die erste in Brandenburg gebaute Maschine, ein Schulflugzeug des Typs Arado Ar 66, die Werkhallen. Montiert man bis 1937 vor allem Schulflugzeuge, so sind es von da ab in erster Linie Bomber (u.a. He 177). 1941 beträgt die Beschäftigtenzahl 8300 Arbeiter (einschließlich ausländischer Zwangsarbeiter, Holländer, Franzosen und Tschechen). Am 29. Dezember macht die **Adam Opel AG** der Stadt Brandenburg ein Angebot über die Errichtung eines Zweigwerkes für die Lastkraftwagenproduktion, bereits am 15. November 1935 wird die Produktion aufgenommen. Es wird das größte und modernste Lastkraftwagenwerk Deutschlands.

1935 Der Bedarf an **Facharbeitern für die Rüstungsindustrie** kann nicht mehr gedeckt werden. Es kommen Arbeitskräfte, vor allem aus dem Rheinland, aus Ober- und Niederschlesien.

Die Einwohnerzahl wächst von etwa 64 200 im Jahr 1933 auf über 83 700 vor Kriegsbeginn 1939.

Nach der **Einführung der allgemeinen Wehrpflicht** wird Brandenburg wieder eine **Garnisonsstadt**. Truppenteile der Wehrmacht: Infanterie-Regiment 68, Artillerieregiment 59, Flakregiment 22,

Pionierbataillon 43, ab 1939/40 Lehrregiment Brandenburg z. b. V. (später Division Brandenburg, ausgebildet für Hinterlandeinsätze). Bis 1938 ist die Brandenburger Garnison auf eine Stärke von über 6000 Soldaten angewachsen.

1936 Die **Brennabor-Werke** AG, die bis 1936 wieder größere Mengen Fahrräder und Kinderwagen produziert, stellt sich weitgehend auf die Herstellung von Granaten, Lafetten für Geschütze und Flugzeugteile für die Arado-Werke um.

Ab dem 29. April 1932 setzten die Brennabor-Werke ihre Produktion fort: nun als AG. 1938 hat das Werk etwa 4 600 Beschäftigte, in den letzten Kriegsjahren nach Schätzungen 6 000. An der Potsdamer Straße wird 1938 das **Havelwerk**, ein Teil der Reichswerke Hermann Göring, gegründet. Es arbeitet ausschließlich für die Rüstung, als Werk für Artilleriebewaffnung.

Es wird mit dem **Aufbau neuer Stadtteile** begonnen, es entstehen die Gördensiedlung, die Walzwerksiedlung ab 1933 am westlichen Stadtrand und in der Wilhelmsdorfer Vorstadt die Wohnanlage Immelmannstraße 1939 für Beschäftigte der Arado-Werke. Außerdem wird Siedlungsbau in Neuschmerzke durch das Havelwerk und in der Siedlung Eigene Scholle (durch die Firma Lange) betrieben.

Zwischen 1933 und 1943 werden in Brandenburg nach offiziellen Angaben mehr als 8 000 Wohnungen gebaut, davon allein mehr als 6 000 seit 1936.

1937 16. März: Schließung der **Ritterakademie**.

Ab 1937 wird das neue **Zuchthaus in Brandenburg-Görden** (begonnen 1927 als Musteranstalt des modernen Strafvollzugs der Weimarer Republik) zu einer der größten Haftanstalten des Dritten Reiches ausgebaut.

Vom 1. August 1940 bis zum 20. April 1945 ist das Zuchthaus Brandenburg-Görden offizielle Hinrichtungsstätte des berüchtigten NS-"Volksgerichtshofes". 1 722 zum Tode verurteilte Gegner des NS- Regimes und andere politische Verfolgte aus 19 Ländern Europas werden zu dieser Zeit hingerichtet. Erste Hinrichtung: 1. August 1940 mit dem Fallbeil.

1938 Der Staatsbetrieb **Brandenburger Eisenwerke** G.m.b.H. nimmt in der Nähe des Stahl- und Walzwerkes seine Produktion zur Herstellung von Panzerteilen auf.

Der Flickkonzern **Mitteldeutsche Stahl- und Walzwerke GmbH** erweitert und modernisiert seine Betriebe, so auch das Werk Brandenburg. Der Konzern übernimmt im Dezember 1942 das Lokomotivwerk des RAW in Kirchmöser und stellt es auf Panzerproduktion um. 1944 arbeiten in den Panzerwerken 3 500 Beschäftigte, ein großer Teil von ihnen sind ausländische Zwangsverschleppte.

10. März: Beginn der Ausgabe der **Volksgasmaske** für alle Einwohner, **Luftschutzübungen** hatten schon 1934 begonnen, **Verdunklungsübungen** ab Oktober 1935.

In der Nacht vom 9. zum 10. November (sogenannte „Reichskristallnacht") **Anschläge auf jüdische Bürger und Einrichtungen**. Dabei brennt in Brandenburg wie auch in anderen Städten Deutschlands die Synagoge der jüdischen Gemeinde in der Großen Münzenstraße durch Brandstiftung nieder. Am 10. November werden durch faschistische Schlägertruppen fast alle jüdischen Geschäfte der Stadt demoliert, danach arisiert, d. h. enteignet und Nationalsozialisten übergeben (z. B. das Strumpfhaus Liebenthal Hauptstr.). Es finden schwere Mißhandlungen jüdischer Bürger statt, so in den späten Abendstunden des 9. November auf der Straße an dem Kaufmann David Ritzewoller durch einen Amtmann und durch einen Stadtinspektor. Die Ärztin **Dr. Lilli Friesicke** nahm sich nach "Verhören" mit Mißhandlungen das Leben.

1939 In der 1. Augustwoche unmittelbar vor Auslösung des Krieges findet ein Fest der Freude der **KdF-Stadt Brandenburg** statt, verbunden u. a. mit zahlreichen Militärplatzkonzerten und einer prachtvollen Aufführung der Operette Zigeunerbaron von Johann Strauß auf einer provisorischen Freilichtbühne auf dem Marienberg unter Rolf Kleinert und unter Beteiligung fast aller Brandenburger Chöre.
Ab 1. Septemberwoche: Verladungen der Infanterie und Pioniere zum **Fronteinsatz in Polen** auf dem Altstädt. Güterbahnhof; Beginn der Freiwilligenmusterung für die Waffen-SS im SS-Sturmheim Große Münzenstr. 13.
22. Oktober: Große Militärparade und Einzug der Fahrzeugkolonne des Pionierbataillons in die Stadt aus dem Einsatz in Polen zum Kurzaufenthalt und folgendem Einsatz in Frankreich.
Die **Einwohnerzahl** erhöht sich zwischen 1934 und 1939 von 64 000 auf 90 000 Einwohner.

1940 Beginn der **Einrichtung von Luftschutzräumen** und der Errichtung von **Luftschutzbunkern**. Es wurden insgesamt 10 Hochbunker und 40 kleine Bunker für etwa 13 000Einwohner errichtet. Der größte Hochbunker war der Mühlentorbunker zwischen dem Altstädt. Kietz und der Ziegelstraße (geplant für etwa 1500 Menschen)
Nacht vom 22 – 23. Juni: Erster Luftalarm,
Nacht vom 20. – 21. August: Erste Bombenabwürfe (Göttiner Straße).
6. April: Aufruhr von etwa 150 polnischen Zwangsarbeitern des Stahlwerks im Lager Wilhelmshof. Auf dem Gelände der Feinjutefabrik Bauhofstraße sollen 16 Polen und Franzosen erschossen worden sein. In der Region Brandenburg waren im Krieg über 25.000 Zwangsarbeiter und Kriegsgefangene in über 40 Lagern untergebracht; 1111 von Ihnen ließen ihr Leben.
Zwischen Januar und September: Im Rahmen der **Euthanasie-Aktion** auf dem Gelände des ehemaligen alten Zuchthauses Brandenburg Neuendorfer Straße 90 c wird eine der ersten Vernichtungsstätten für "lebensunwert" bezeichnete Patienten von Heil- und Pflegeanstalten auf deutschem Boden eingerichtet. Auch das System der Judenvernichtung beginnt an dieser Stelle in Brandenburg. Im Juni 1940 werden die ersten 200 jüdischen Patienten aus Berlin-Buch mit Omnibussen nach Brandenburg transportiert und in der Gaskammer umgebracht. In diesem Jahr werden 9772 Menschen vergast und hier bzw. in Paterdamm bei Brandenburg verbrannt.
Am 8. Juli 1940 richtet **Lothar Kreyssig**, Vormundschaftsrichter am Amtsgericht Brandenburg/ Havel, gegen die Euthanasieverbrechen ein Protestschreiben an den Reichsjustizminister (das bisher einzig bekannte Beispiel des Widerstandes eines deutschen Richters bzw. Justizbeamten gegen die Euthanasie).

1942 13. April: Größte **Deportation Brandenburger Juden** (in das Warschauer Ghetto). Von den 199 Juden, die 1933 in Brandenburg leben, können sich die wenigsten ins Ausland retten, die meisten werden deportiert. Von nur 61 Deportierten konnte bisher der Verbleib aufgeklärt werden.

1944 Am 18. April greifen etwa 100 amerikanische Flugzeuge Brandenburg an. 14 Wohnhäuser mit 32 Wohnungen erleiden Totalschaden, acht Wohnhäuser mit 27 Wohnungen werden schwer, 70 Wohnungen leicht beschädigt. 31 Tote sind zu beklagen.

Am Sonntag, dem 6. August, werden bei einem Angriff von 80 amerikanischen Flugzeugen fünf Wohnhäuser total zerstört und neun beschädigt. Es gibt 64 Tote, 128 Verletzte, fünf Verschüttete und drei Vermißte. Die Zahl der Obdachlosen beträgt 150. Schwere Schäden erleiden u. a. die Opel- und Aradowerke. Die Opelwerke sind US-amerikanisches Eigentum.

20. Juli: **Attentat des Obersten Graf v. Stauffenberg auf Hitler.** Danach Verhaftungswelle auch in Brandenburg. Unter ihnen namhafte Sozialdemokraten wie Paul Voigt, Karl Petzli, Hermann Ollenburg und Kommunisten wie Max Herm, Paul Nita und Rudolf Märksch. Überführung in das KZ Sachsenhausen.

14. August: 42 **Hinrichtungen im Zuchthaus Brandenburg-Görden.** Tageshöchstzahl der Hinrichtung von insgesamt 1722 aus politischen Gründen verurteilten Deutschen und aus 17 europäischen Ländern.

Auf Erlaß Hitlers vom 25. September wird der Deutsche **Volkssturm** geschaffen. Am 12. November findet ein Appell der ersten Volkssturmmänner auf dem Neustädtischen Markt in Brandenburg statt. Ende des Jahres leben in der Stadt Brandenburg 120 000 Menschen (einschließlich Soldaten der Garnison und in den Lazaretten, der über 25 000 ausländischen Zwangsarbeiter, der Kriegsgefangenen und Häftlinge des Zuchthauses auf dem Görden).

1945 Januar/ Februar: endlose **Flüchtlingstrecks** aus Ost- und Westpreußen, der Neumark und aus Schlesien ziehen durch die Stadt.

Am Ostersonnabend (31. März) erfolgt ein **Großangriff von etwa 250 amerikanischen Flugzeugen.** In 22 Minuten werden 96 Wohnhäuser total zerstört, 69 schwer beschädigt, 33 erhalten mittlere und 102 leichtere Schäden. Unter den 551 Todesopfern sind 159 ausländische Zwangsarbeiter und 113 Kriegsgefangene, auch Amerikaner. Die Zahl der Verwundeten beträgt 251, die der Obdachlosen 2100. Teile der Brennabor-Werke, das Havelwerk und die Schiffswerft Gebrüder Wiemann erhalten Treffer. Wenige Tage vor dem Eintreffen der Sowjetarmee erfolgt am 20. April ein weiterer amerikanischer Großluftangriff. Neben der Zerstörung ganzer Straßenzüge werden 1100 Tote, 570 Verletzte, 70 Verschüttete und 110 Vermißte festgestellt. Der Straßenbahnverkehr wird eingestellt.

24. April: **Beginn der Kampfhandlungen um die Stadt.** 8.30 Uhr Feindalarm. Gegen Mittag stehen die ersten sowjetischen Panzer in der St. Annenstraße. Die Leitung der Stadtverwaltung mit Oberbürgermeister Dr. Sievers beschließt auf Weisung des Gauleiters und des Stadtkommandanten Oberst Zöllner die Verteidigung der Stadt. Im Verlaufe der Kampfhandlungen bis zum 30. April werden fast alle Brücken gesprengt; noch am 29. April wird die Jahrtausendbrücke zerstört. Am 27. April, nachdem die **politischen Gefangenen im Zuchthaus Görden** am Tag nach der Flucht der Zuchthausleitung die Macht übernommen haben, stehen die ersten Panzer der Roten Armee vor dem Zuchthaus. 2 200 Gefangene erhalten ihre Freiheit wieder, darunter die Kommunisten Robert Havemann und Erich Honecker.

Am 1. Mai wird **die Stadt von der Roten Armee besetzt.**

Die deutschen Verteidiger hatten sich in Richtung Plaue–Genthin und Wilhelmsdorf–Ziesar abgesetzt. An den Kämpfen um die Stadt Brandenburg sind sowjetische Truppen des 6. Gardemech. Korps der 4. Gardepanzerarmee der 1. Ukrainischen Front und der 16. Kavalleriedivision des 7. Gardekavalleriekorps der 1. Belorussischen Front beteiligt. Die Militärkommandantur mit Oberst Wolkow als Stadtkommandanten übernimmt die Verwaltung der Stadt.

Die Nachkriegsjahre in Brandenburg bis zur Gründung der DDR – 1945 bis 1949

1945   Mai: Der Grad totaler **Zerstörung** beträgt etwa 15 Prozent.

Von den 1939 vorhandenen 23 800 Wohnungen sind 1 700 total zerstört, weitere 1200 unbewohnbar und 7600 beschädigt. Fast alle Brücken sind vernichtet. Wertvolle mittelalterliche Bauten wie das Neustädtische Rathaus, das Kurfürstenhaus und die Paulikirche mit Kloster sind zerstört. In der Neustadt sind besonders die Sankt-Annen-Straße, der Temnitz und die Straßen um den Trauerberg, in der Altstadt die Magdeburger und die Plauer Straße betroffen. Zu Kriegsende beträgt die Einwohnerzahl der Stadt 74 797.

Am 2. Mai setzt der sowjetische Stadtkommandant eine **vorläufige Zivilverwaltung** ein und ernennt den Kaufmann Wilhelm Leow, ein Sozialdemokrat, zum Bürgermeister.

Am 22. Mai erfolgt die offizielle Konstituierung des **neuen Magistrats** (5 KPD, 5 SPD, 5 Bürgerliche), Oberbürgermeister wird **Max Herm** (KPD).

Am 15. Juni erfolgt die **Neubildung der KPD**.

Am 18. Juni beginnt ein eingeschränkter Schulunterricht für die Klassen 5 bis 8.

Am 19. Juni wählt die SPD ihren Vorstand.

Am 23. Juni nehmen die **Städtischen Bühnen** mit einem bunten Programm „Das Leben geht weiter" in der Stadthalle (an der Grabenpromenade) den Spielbetrieb wieder auf.

Auf dem Sportplatz Grillendamm findet am 24. Juni das erste größere **Sportfest** seit Beendigung des Krieges statt.

Die Stadt wird in 15 Verwaltungsbezirke eingeteilt. Am 15. Juli setzt der Oberbürgermeister Max Herm offiziell 15 Bezirksobleute und ihre Stellvertreter ein, die eine direkte Verbindung zu jedem Bürger erreichen sollen.

1.August: Die erste Straßenbahn fährt wieder (Blaue Linie zum Görden).

3. zum 4. August: Marodierende Ostarbeiter und Sowjetsoldaten töten 8 Angehörige der **Familie Wachow** am Weinmeisterweg.

August: Nach dem Auftauchen von Flugblättern des Wehrwolf und der Erschießung des Gewerkschaftsfunktionärs Friedrich Heil im Gördenwald: Verstärkte Hausdurchsuchungen und **Verhaftungen durch den sowjetischen Geheimdienst NKWD**.

Im September wird **Fritz Lange** (KPD) entgegen den Vorstellungen der Brandenburger Sozialdemokraten und Kommunisten von der Provinzialverwaltung Mark Brandenburg zum neuen Oberbürgermeister bestimmt. Max Herm wird ab 1. September als Vizepräsident der Zentralverwaltung für Arbeit und Sozialfürsorge nach Berlin berufen.

113

Juni: Bildung eines Antifaschistischen Jugendausschusses.

24. September: Gründung der **Freien Jugend Brandenburg** (am 7. 3. 1946: FDJ)

23. Juni: Bildung des **Freien Deutschen Gewerkschaftsbundes** (FDGB) in Brandenburg.

Oktober: Gründungsaufruf von 50 namhaften Brandenburger Kultur- bzw. Geistesschaffenden zur Gründung des **Kulturbundes zur demokratischen Erneuerung Deutschlands**. Konstituierung am 12. November.

Im Oktober wird im ehemaligen Zwangsarbeiterlager **am Quenz ein Umsiedler- und Quarantänelager** eingerichtet. Hier werden Flüchtlinge und Heimkehrer aufgenommen. Im Jahre 1946 kommen vor allem entlassene deutsche Kriegsgefangene in das Lager.

Am 2. Dezember gründet sich der Kreisverband der **Christlich-Demokratischen Union** (CDU). Der Kreisverband der **Liberal-Demokratischen Partei Deutschlands** (LDPD) konstituiert sich am 4. Dezember.

14. Dezember: Bildung des **antifaschistisch-demokratischen Blocks** der vier Parteien.

Die in massiver Bauweise wiederhergestellte **Luckenberger Brücke** wird am 9. Dezember eingeweiht. Erster vollendeter Brückenbau nach Kriegsende. Bis dahin war die von sowjetischen Pionieren am 2. Juli fertiggestellte Holzbrücke am Hallenbad die einzige reguläre Verbindung zwischen Alt- und Neustadt.

Ende 1945 sterben täglich etwa 10 Menschen vor allem an Hungertyphus.

Dezember: Beginn der verschärften Strafverfolgung von Händlern des **Schwarzen Marktes** unter Mitwirkung von Preiskommissionen der Gewerkschaften.

März 1946: Bestrafung von 30 **Schwarzhändlern**. Am 7. Juni 1950 werden auf dem Hauptbahnhof wegen Schwarzhandels weitere etwa 30 Personen verhaftet und danach in einem öffentlichen Schauprozeß auf dem Neust. Markt verurteilt.

1946 Frühjahr: **Beginn der Betriebsdemontagen** (bis 1947).

Die Stadt Brandenburg ist als ein Zentrum der Rüstungsindustrie im besonderen Maße von Demontagen als Kriegsentschädigung betroffen; insgesamt werden 52 solcher Betriebe demontiert. Opel, Arado, Brennabor, Havelwerk, Mitteldeutsche Stahl- und Walzwerke u. a. werden auf der Grundlage von SMAD-Befehlen im Oktober 1945 sequestriert . Der größte Teil davon wird 1946 enteignet und in Staatseigentum überführt. 70 Prozent der ehemaligen Industrieanlagen der Stadt sind schließlich durch Kriegseinwirkungen oder Demontage nicht mehr vorhanden. Ende März 1946 arbeiten trotzdem wieder 96 Industrie- und Handwerksbetriebe mit 4 682 Beschäftigten.

24. März: Im Volkshaus in der Steinstraße findet die **Vereinigung von KPD und SPD zur SED** (Sozialistische Einheitspartei Deutschlands) statt. In vorausgegangenen Basisversammlungen hatten etwa 2/3 der Mitglieder für die Vereinigung gestimmt.

Mai: Gründung des Kreisausschusses der **Volkssolidarität**.

Von Mai 1946 bis März 1948: Sequesterkommissionen führen Verfahren zur Enteignung von 70 Unternehmen durch, vor allem solcher, die mit dem NS-Regime verbunden waren.

Vom 8. bis 10. Juni tagt das **I. Parlament der FDJ** (Freie Deutsche Jugend) in der Brandenburger Stadthalle. Erstes gesamtdeutsches Jugendtreffen mit etwa 1000 Gästen.

Am 15. September finden in Brandenburg wie in allen anderen Städten und Gemeinden der Sowjetischen Besatzungszone (SBZ) die ersten **Kommunalwahlen** der Nachkriegszeit statt: SED 56,5%, CDU 21,7%, LDP 18,3%, Antifa-Frauen 1,3%.
Ende Oktober hat der Stadtkreis Brandenburg 26 556 Haushaltungen und 70 632 **Einwohner.**
Dezember 1946 bis März 1948: **Entnazifizierung** von 250 NS-belasteten Personen – vor allem des öffentlichen Dienstes – durch eine Entnazifizierungskommission, gebildet aus Vetretern der SED, CDU, LDP, FDGB und FDJ .

1947   9. April: Gründung des **Demokratischen Frauenbundes Deutschlands** (DFD) in Brandenburg, Beschluß zur Einführung des Internationalen Frauentages ab 1948 auch in Brandenburg.
29. April: erster **Stapellauf** auf der Wiemannwerft nach dem Krieg, Beginn des Baues von Hochseekuttern in der Thälmannwerft. (Betriebsname ab 2. Februar 1948); erster Schwarzmeer-Seiner am 17. 6. 1948 übergeben.
Am 4. Mai wird ein **Ehrenmal am Marienberg** für die im Zuchthaus Görden von den Nationalsozialisten inhaftierten und hingerichteten Widerstandskämpfer eingeweiht.
Sommer: Versorgungskrise, Erscheinungen der **Hungersnot.**
4. Oktober: Einweihung der **Jahrtausendbrücke.**

1948   24. Juni: **Währungsreform** 4 Tage nach der in Westdeutschland. Als Übergangsprovisorium werden Kupons auf die Reichsmarkscheine geklebt.
Im Juli geht von den Arbeitern der Thälmann-Werft ein Aufruf an alle volkseigenen Betriebe in der SBZ zu einem zentralen Wettbewerb zur Produktionssteigerung und vorfristigen Erfüllung des Halbjahrplanes aus.
Die Stadt Brandenburg erhält am 1. Mai 1949 eine Aktivistensäule und den Ehrennamen **„Stadt der Aktivisten".**
Im August bildet der Oberbürgermeister Brandenburgs auf Beschluß der Landesregierung einen Kreisplanungsausschuß, der einen **Aufbauplan** für den Stadtkreis in den Jahren 1948 bis 1950 umfaßt. Der Plan sieht den Ausbau der Thälmann-Werft und der Elisabethhütte sowie den Aufbau eines Traktorenwerkes auf dem Gelände des demontierten Brennabor- Werkes vor.
Am 20. November wird in der Hauptstraße in Brandenburg das erste Kaufhaus der Handelsorganisation (HO), ehemals Privatbesitz von Alfred Flakowski, eröffnet.
Es beginnt der Aufbau der **Volkspolizei-Bereitschaften,** einer Vorstufe zu bewaffneten Streitkräften. Untergebracht sind die ersten Einheiten in den ehemaligen Wohnbauten für die Zuchthausbeamten Anton-Saefkow-Allee, bald danach in der Opel-Siedlung Hohenstücken. Ab Sommer 1952: Kasernierte Volkspolizei (Mechanisiertes Regiment 3). Im März 1956 wird aus ihnen das Motorisierte Schützen-Regiment 3 (MSR 3) der NVA (Nationale Volksarmee) gebildet. Etwa 2 000 NVA-Soldaten sind hier bis 1990 stationiert.

1949   Der Grundstein für das **Walzwerk Kirchmöser** wird am 23. Februar auf dem Gelände des Reichsbahnausbesserungswerkes gelegt. Die vollständige Inbetriebnahme erfolgt am 17. November.

2. Mai: Produktionsbeginn des Dieselschleppers Aktivist bei Brennabor, ab 1950 IFA Schlepperwerk, ab Oktober 1954 VEB Brandenburger Traktorenwerke, später IFA Getriebewerk.

Das **Pionierhaus** in der Neustädtischen Heidestraße wird am 24. Juli eröffnet.

Kinderorganisation der FDJ Junge Pioniere ab 20. 12. 1948 in Brandenburg, zuvor ab 1947 Kindervereinigung der FDJ.

Brandenburg (Havel) in der DDR-Zeit – 1949 bis 1990

1949 Im Dezember beschließt der DDR-Ministerrat den kurzfristigen **Aufbau eines großen Stahlwerkes** auf dem Gelände des demontierten Stahlwerkes von Flick am Silokanal in Brandenburg.

1950 Am 15. Februar 1950 wird der Grundstein zum SM-Ofen 1 (Siemens-Martin-Ofen) gelegt, am 20. Juli 1950 wird bereits der erste Abstich vollzogen. Dem III. Parteitag der SED (20. bis 24. Juli 1950) überbringt eine Betriebsdelegation eine Stahlprobe vom ersten Abstich des Siemens-Martin-Ofens 1.

Das neue **VEB Stahl- und Walzwerk Brandenburg (SWB)** ist 1950/51 das herausragende Schwerpunktprojekt der DDR. Es beginnt die Entwicklung zum größten Stahlproduzenten der DDR.

Im Februar erfolgt der erste Spatenstich für 99 Stahlwerkerwohnungen am Mozartplatz. Damit beginnt der **Wohnungsneubau** nach 1945.

Auf der Stadtverordnetenversammlung am 28. April wird die Einführung eines neuen Stadtwappens beschlossen; es soll die moderne und zugleich Traditionsreiche Industriestadt symbolisieren. Entwurf mit Stadtmauer, Tortürmen, Schornsteinen und dreifarbigem Wellenband vom Lehrer Georg Kaiser.

1951 Februar: Gründung des **Kuba-Ensembles des SWB** mit u. a. 170 Lehrlingen (Nach dem Dichter Kurt Bartel), Tourneen des Ensembles Juni 1954 nach Remscheid und 1955 nach Essen und Braunschweig.

9. Juni: Gründung des **Post-Chores** mit Willy Eickel

1956 wurden in der Stadt 3 Kulturensembles und 104 Volkskunstgruppen registriert.

5.- 19. August: etwa 7500 Jugendliche nehmen an den **III. Weltfestspielen der Jugend** und Studenten in Berlin teil. Etwa 600 Gäste des Weltjugendtreffens besuchen Brandenburg (aus Westdeutschland, Frankreich, Polen, Columbien, Venezuela und der Sowjetunion).

1952 7. Oktober Einweihung des **Jugendklubhauses Philipp Müller** (Volkshaus), das wahrscheinlich erste Jugendklubhaus der DDR.

Ab 7. August (zuerst im SWB): Bildung von Betriebsorganisationen der **Gesellschaft für Sport und Technik (GST)**; Beginn der vormilitärischen Ausbildung.

1953 7. Februar: Erster Spatenstich durch Oberbürgermeister Kühne in der Blumenstraße als Auftakt für ein umfassendes Aufbauprogramm (**NAW – Nationales Aufbauwerk**).

März: Gründung der **Volksmusikschule** (später Musikschule der Stadt)

12. Juni: Erste Demonstrationen: Tumult vor der Spedition Taege und im Jugenklubhaus Philipp Müller in der Steinstraße.

17. Juni: Streiks, Demonstrationen. Demonstranten dringen in das Amtsgericht, die SED-Kreisleitung und das Gewerkschaftshaus ein. Ein Sturm auf das VP-Kreisamt im Gebäude des alten Zuchthauses am Puschkinplatz (Nikolaiplatz) wird durch sowjetisches Militär verhindert, welche den Massenauflauf zerstreut. Diesen Protestdemonstrationen waren Preis- und Normenerhöhungen in den Betrieben und verschärfte Restriktionen gegen Selbständige vorausgegangen. Im SWB wird die Befeuerung der Siemens-Martin-Öfen durch die Schmelzer gesichert.

August im SWB: Bildung der ersten **Betriebskampfgruppen.**

1954 Ende Juni: erster **Bauernmarkt** (auf dem Görden).

30. November: Konstituierung eines Ausschusses für **Jugendweihe.**

11. Dezember: **Gründung des Fontaneklubs** als **Klub der Intelligenz** im Kulturbund, Eröffnung des Klubhauses Fontaneklub an der Jahrtausendbrücke am 11. Juni 1956.

1955 15. Juli: Produktionsbeginn eine **Betonwerkes** auf dem Gelände des ehem. Opelwerkes (zuerst Hohlbausteine). Ab 9. Dezember 1958 Versuchsproduktion von Großblöcken.

Oktober: 185 Familien in Brandenburg besitzen ein **Fernsehgerät.**

31. Dezember: Brandenburg hat 81 143 **Einwohner.**

1956 1. Februar: Beginn der obligatorischen **Reihen-Röntgenuntersuchungen zur Tbc-Erkennung** (durch Dr. med. Fischer, ab 11. Dezember 1958 Verdienter Arzt des Volkes),

19. Mai: **Einweihung der Freilichtbühne** (Baubeginn im NAW-Einsatz, d.h. durch freiwillige Arbeitsleistungen 1955),

20. Juni: Erste Verabschiedung einer demobilisierten sowjetischen Einheit (der Luftwaffe) auf dem ehem ARADO-Flugplatz.

17. Dezember: Der erste **Selbstbedienungsladen** im Bezirk Potsdam wird durch die HO in der Hauptstraße eröffnet.

1957 1. Januar: Erster Privatbetrieb mit staatlicher Beteiligung: Harry Scholz KG (Textilien),

10. Januar: Erste Produktionsgenossenschaft des Handwerks (PGH Fleischerhandwerk),

13. Oktober: Geldumtausch in 213 Zahlstellen.

1958 10. März: Verabschiedung einer sowjetischen Flakeinheit.

22. April: Beginn des Aufbaus einer Organisation für **Luftschutzhelfer.** Nach etwa 2 Jahren wurde diese Tätigkeit wieder eingestellt.

31. August: Die **Bismarckwarte** auf dem Marienberg wird **in Friedenswarte umbenannt.**

Herbst: **Versorgungskrise,** Bildung eines Operativstabes zur Beschaffung von Kartoffeln, Fleisch, Milch und Tabakwaren.

1959 21. Mai: Beschluß der Stadtverordnetenversammlung zur Umsetzung des Gesetzes über die Einführung der zehnklassigen allgemeinbildenden **polytechnischen Oberschule** (POS) für alle Schülerinnen und Schüler.1.September: Erster polytechnischer Unterricht in Brandenburg. Den Anfang macht das

117

Traktorenwerk für 405 Schülerinnen und Schüler in Metallbearbeitung und Maschinenkunde.

6. Juni: Grundsteinlegung für das Hochhaus und ein **Wohnblock in der Friedensstraße** (St. Annenstr.) durch den Oberbürgermeister Max Herm.

Am 21. Juli erfolgt mit der Grundsteinlegung für Block 1 in der Brielower Str. (am Sportplatz Musterwiese/Motor Süd) durch den Oberbürgermeister der **Baubeginn für den Stadtteil Nord** und damit für den Komplexen Wohnungsbau *auf der grünen Wiese* (d. h. außerhalb der Stadt). Bis 1973 entstehen hier 5256 Wohnungen für etwa 16 400 Einwohner.

1960   Ende März: Brandenburg hat 10 **Landwirtschaftliche Produktionsgenossenschaften (LPG)**, Vergenossenschaftlichung großer Teile des Handwerks, Bindung von 80 Enzelhändlern mit Kommissionsverträgen und 15 Privatbetrieben mit staatlicher Beteiligung in das System der Planwirtschaft.

Ernteeinsätze von Betriebsangehörigen der Stadt zur Unterstützung der Landwirtschaft wird für lange Zeit zur Regel.

7. Mai: Einweihung der neuen **Brielower Brücke.**

1961   Mit Jahresbeginn zahlreiche **Produktionsstörungen und Planrückstände** in der Wirtschaft. Versuche des FDGB, durch *Arbeiterkontrolleure* dieser Krise entgegen zu steuern.

Zunehmende **Republikfluchten.** Ab 3. August werden *Betriebskomitees zum Kampf gegen den Menschenhandel* gebildet, zuerst im Traktorenwerk.

13. August: Schließung der Grenze zwischen der DDR und der BRD, bzw. den West- und Ostsektoren Berlins (dort Bau der Mauer); das MSR-3 der NVA ist bei Henningsdorf eingesetzt.

Ab 6. September: Mit einem **Produktionsaufgebot** wird versucht, die Produktion zu stabilisieren und in der gleichen Zeit für das gleiche Geld mehr zu produzieren. Den Anfang macht das Traktorenwerk.

1962   9. Mai: Taufe des **Fahrgastschiffes Aktivist** (ab 1990 Fritze Bollmann) – ein 53 m langes Schiff für 654 Personen.

8. September: Enthüllung der **Tafel zum Gedenken** an die 9 972 im alten Zuchthaus vergasten **Euthanasieopfer** an der Mauer zur Stadtverwaltung am Puschkin- (Nikolai-)Platz. Der Schöpfer des Bronzereliefs ist Prof. A. Threyne.

19. 9.: letzter Stapellauf in der **Ernst-Thälmann-Werft**, danach Stillegung des Betriebes.

November: Beginn der Bebauung des westlichen Beetzseeufers mit **Wochenendsiedlungen.**

1963   7. Januar: Einweihung des **Feierabendheimes Clara-Zetkin** am Gördenwald. Der erste Spatenstich war am 30. August 1959 durch den Oberbürgermeister Max Herm.

9. Mai: Unterzeichnung eines Partnerstädte-Vertrages zwischen Brandenburg und **Ivry-sur-Seine.** Eine Delegation dieser Industriestadt am Rande von Paris kommt dazu nach Brandenburg.

22. bis 30. Juni: **Erste Havelfestspiele.** Höhepunkte sind drei Chorkonzerte und ein Konzert der Dresdener Philharmoniker auf der Freilichtbühne Marienberg.

1. November: Stillegung der **Mostrichmühle** in der Grabenstraße. Danach folgt der Abriß dieses Produktionsdenkmals aus dem 18. Jahrhundert.

1965   **800-Jahrfeier der Grundsteinlegung des Brandenburger Domes.**

Von 1962 bis 1965 wurden umfangreiche Restaurierungsarbeiten zur Sicherung der Fundamente und der Arkadenpfeiler des Domes durchgeführt. Gleichzeitig erfolgten umfassende Grabungen auf der Dominsel zur Erkundung der Lage der fürstlichen Slawenburg, Untersuchungen, welche bis Ende der 60er Jahre andauerten.

1965 beginnt die Planung für das **Neubaugebiet Hohenstücken.**

1960 bis 1970: Schaffung von 6300 **Neubauwohnungen.**

1963 wurden 94 % aller Wohnungen an Mitglieder von Arbeiterwohnungsbaugenossenschaften (AWG) und anderen Wohnungsgenossenschaften übergeben.

Die Stadt hat zum Jahresende 90 755 Einwohner.

1. Januar: Das Reichsbahnausbesserungswerk Brandenburg-Kirchmöser wird am 1. Januar von der Waggonreparatur auf die Reparatur von Geräten für den Gleisoberbau umgestellt und erhält nunmehr den Namen **Werk für Gleisbaumechanik.**

Höhepunkte der 3. **Havelfestspiele** (24. bis 27.Juni) sind der Fisch- und Bauernmarkt am Altstädtischen Rathaus, der historischen Umzug sowie das Havel- und Fischerfest am Wassertor.

20. Juli: Die neu erbaute **Kultur- und Sporthalle des VEB Stahl- und Walzwerk Brandenburg** (Stahlhalle) wird mit der Festveranstaltung "15 Jahre SWB" eröffnet.

6. Oktober: der VEB Brandenburger Traktorenwerke wird in VEB **IFA Getriebewerke** Brandenburg umbenannt. Am 9. Januar 1967 verlegt der Betrieb seine 1961 im Rahmen der Spezialisierung innerhalb der DDR und des RGW begonnene Getriebeproduktion von der Geschwister-Scholl-Straße (Kirchhofstraße) in neue Produktionshallen in der Wilhelm-Bahms-Straße (Caasmannstraße). Hier laufen die Getriebe für den LKW "W 50" vom Montageband. (RGW = Rat für gegenseitige Wirtschaftshilfe – Wirtschaftsrat der sozialistischen Länder Osteuropas).

19. Dezember: Stillegung der Straßenbahnlinie zur Planebrücke.

1966   17. – 19. Juni 8. **Arbeiterfestspiele** im Bezirk Potsdam mit Brandenburg als einem Festspielort mit über 40 Veranstaltungen und 70 000 Zuschauern. Dafür fallen in diesem Jahr die Havelfestspiele aus.

1967   9. Januar: Beginn des **Umzuges des Getriebewerkes** aus dem alten Brennaborwerk (Geschwister-Scholl-Straße) in das neue Fabrikobjekt auf dem ehem. ARADO-Gelände am Neuendorfer Flugplatz (Wilhelm-Bahms-Straße/jetzt Caasmannstraße).

Am 10. Januar wird die **Quenzbrücke** dem Verkehr übergeben, und am 30. November fahren die ersten Fahrzeuge über die neuerbaute Brücke an der Krakauer Schleuse.

5. Februar: Im VEB Stahl- und Walzwerk Brandenburg wird ein **Arbeitervariete** gegründet. Zum Ensemble gehören eine Tanz-, Gesangs- und Artistikgruppe sowie ein Orchester.

10. April: Am Hochbehälter auf dem Marienberg findet die offizielle Übergabe des neuen **Wasserwerkes Mahlenzien** statt.

Das Wasser wird an 26 Stellen aus 30 Meter Tiefe hochgepumpt, im Wasserwerk gereinigt, verdüst und durch Druckleitungen nach Brandenburg befördert. Bis dahin hatte es im Neubau-

119

gebiet Nord erhebliche Störungen in der Wasserversorgung gegeben; z. B. reichte oft der Wasserdruck in besonderen Anforderungszeiten nicht für die Obergeschosse aus.

22. bis 25. Juni: Zu den 4. Havelfestspielen werden erstmals Sommerfilmtage auf der **Freilichtbühne** (mit *Chingachgook – die große Schlange*) und Theateraufführungen mit *Die verkaufte Braut* von Friedrich Smetana durchgeführt.

14. September: Die Stadtverordnetenversammlung bestätigt einen neuen Generalverkehrsplan und neuen **Generalbebauungsplan**.

Oktober: Das **Brandenburger Theater** feiert mit einer Festwoche sein **150jähriges Bestehen**. Von 1961 bis 1964 führte das Ensemble des Theaters 60 Schauspiele, Opern und Operetten auf und 80 Konzerte durch.

1968 Am Vorabend des 1. Mai wird der Grundstein für das Gebäude Friedensstraße/ Neust. Mark gelegt. Beginn der **Bauarbeiten im Zentrum der Neustadt**.

21. August: Das MSR-3 der **NVA Hohenstücken** wird im Zusammenhang mit dem Einmarsch sowjetischer Truppen in die CSSR in *Erhöhte Gefechtsbereitschaft* versetzt. Es werden Sympathisanten des „**Prager Frühling**" und des tschechoslowakischen Reformkommunisten Dubcek verhaftet.

1969 21. Juni: das **Volksbad Marienberg** wird nach siebzehnmonatiger Bauzeit seiner Bestimmung übergeben. Am 19. Januar: Baubeginn des Volksbades. Es wird unter breiter Einbeziehung von Bürgerinitiativen durch freiwillige Arbeitseinsätze und kostenlose Leistungen der Brandenburger Betriebe im Rahmen des Wettbewerbs "Schöner unsere Städte und Gemeinden - Mach mit!" errichtet. 30 000 Bürger schaffen mit Arbeitsleistungen und Spenden einen Gesamtwert von 4,3 Millionen Mark. Der Name Volksbad wird nach einer Bürgerbefragung eingeführt.

Am 16. Juli wird die neue **Regattastrecke** auf dem Großen Beetzsee übergeben (ein 45 Millionen Mark - Objekt). Sie besitzt eine Länge von 2,6 km und kann für Ruder-, Kanu- und Motorbootveranstaltungengenutzt werden. Vom 18. bis 20. Juli findet das 1. Verbandstreffen der Ruderer der DDR statt.

September: Demontage des alten **Gaswerkes** in der Wilhelm-Bahms-Straße. Die Versorgung der Stadt erfolgt nunmehr mit Ferngas (vorwiegend aus der Sowjetunion).

4. Oktober; Die **Brücke 20. Jahrestag der DDR** - die Überführung der F 1 über die Gleisanlagen am Altstädtischen Bahnhof - wird dem Verkehr übergeben. Die Bauzeit betrug $1^1/_2$ Jahre. Die Baukosten belaufen sich auf 16,7 Millionen Mark. Damit ist ein besonders lästiges Verkehrshindernis – die Bahnschranken am Altstädt. Bahnhof – beseitigt.

Dezember: **Führungskrise im SWB** und Ablösung der Betriebsleitung (Artikel "Brandenburger Konzert" im Neuen Deutschland, Zentralorgan der SED).

Auf dem Gebiet der Metallurgie werden Anfang des Jahres in der DDR Kombinate gebildet, darunter das VEB Qualitäts- und Edelstahl- Kombinat Hennigsdorf. Zu ihm gehört der VEB Stahl- und Walzwerk Brandenburg. Der VEB SWB - seit 1. Januar 1979 Stammbetrieb - entwickelt sich zu einem bedeutenden metallurgischen Zentrum der DDR.

Die bereits vorher begonnene Modernisierung des Werkes wird jetzt als komplexe Rekonstruktion beschleunigt.

1970   30. Oktober: Einweihung der rekonstruierten Kammer der **Krakauer Schleuse**.

1971   30. April bis 21. Mai im SWB: Erstmals werden **Betriebsfestspiele** durchgeführt.
1.Mai: Eröffnung der Buslinie zur Malge.
Bis September haben sich im Jahr 1971 über 15 000 Urlauber auf den Campingplätzen in und um Brandenburg aufgehalten.
Dezember: Beginn der Geländeregulierung für das neue **Wohngebiet Hohenstücken**. Die traditionsreiche Laubenkolonie Erdenglück wird zum Johannisburger Anger verlegt.

1972   17. Mai: In **Bollmannsruh** erfolgt die Grundsteinlegung für das bisher größte Ferienobjekt des VEB Stahl- und Walzwerk Brandenburg
Vom 9. bis 13. August finden auf der **Regattastrecke** am Beetzsee die Europameisterschaften im Rudern der Frauen statt.
7. September: Einbahnige Verkehrsfreigabe der **neuen Eisenbahnüberführung** in der Potsdamer Straße / Straße der Befreiung am Ortsausgang in Richtung Potsdam als Teil des langfristig im Bau befindlichen Umgehungsringes der Stadt. Damit wird ein weiteres belastendes Verkehrshindernis beseitigt und ein flüssiger Zubringerverkehr zur Autobahn ermöglicht.
Im November beginnt die Montage des ersten Wohnblocks im **Wohngebiet Hohenstücken**. Gegen Ende 1985 wohnen hier 20 500 Menschen in 6 962 Wohnungen, die allesamt in Großblock- und später in Großplattenweise errichtet werden.

1973   Das neue **Klärwerk bei Briest** ist am 26. Januar betriebsfertig.
Am 1. April 1973 fließt **Erdgas aus der Sowjetunion** nach Brandenburg. Ab 1. Mai 1973 werden im SWB sämtliche Wärme- und Schmelzöfen schrittweise auf Erdgas umgestellt.
Seit 1973 werden verstärkt **Eigenheime** vorwiegend von Arbeitern und für kinderreiche Familien gebaut.

1974/75   wird der **Marienberg** in seiner Gesamtheit als Park der Kultur und Erholung neugestaltet.
Anläßlich des 25. Geburtstages der DDR wird am 7. Oktober 1974 auf dem Marienberg an Stelle der **Bismarckwarte** ein **neuer Aussichtsturm** – die neue 32,5 m hohe **Friedenswarte** – eingeweiht. Die Bismarckwarte/Friedenswarte – ein Baudenkmal von 1908 – wurde zuvor gesprengt. Am Hauptaufgang des Marienbergs wird ein kunstvoller metallener Springbrunnen geschaffen.

1974   Im Rahmen des Wohnungsbaukombinates Potsdam wird in der Stadt mit dem Aufbau eines modernen **Plattenwerkes** in der August-Bebel Straße begonnen.
Ende 1976 wird die erste Ausbaustufe in Betrieb genommen. Aus der Herstellung von Hohlblocksteinen im damaligen Betonwerk der fünfziger Jahre wird nunmehr die serienmäßige Ferti-

gung von Großplatten und anderen Elementen für komplette Wohnungen. In den 70er Jahren wurden etwa 9 800 **Wohnungen** geschaffen.

1975   Im September beträgt der **Anteil der Frauen an den Berufstätigen** insgesamt in der Stadt Brandenburg knapp 47%. Zu diesem Zeitpunkt sind 85% aller in der Stadt wohnenden Frauen berufstätig. Im September reduziert sich für etwa 1000 werktätige Mütter mit mehreren Kindern die wöchentliche Arbeitszeit auf 40 Stunden. Ab Januar 1976 erhalten kinderreiche Familien zur Unterstützung beim Rat der Stadt Ausweise. Zu dieser Zeit gibt es in der Stadt 800 kinderreiche Familien.

1976   Auf dem Gelände an der Fontanestraße findet am 9. November die feierliche Grundsteinlegung des **Fleischwarenwerkes** der Konsumgenossenschaft statt.
Ende 1976: **Baubeginn des Zentrumsringes West** – zuerst zwischen Hauptbahnhof und Havel mit **Bau der Havelbrücke.** Damit wird die Realisierung eines schon 1926 konzipiertes Projektes in Angriff genommen.

1977   Seit November ist eine **Digitaluhr** das **neues Wahrzeichen auf dem Neustädtischen Markt** (stillgelegt Anfang der 1990er Jahre).

1978   Am 17. Juli wird in der Karl-Haller-Straße 7 die **6 000. AWG-Wohnung** an eine kinderreiche Familie übergeben. Die Schlüsselübergabe für die 9 000. Wohnung erfolgt im März 1985 in der Otto-Ganzer- Straße 103 in Hohenstücken.
Das **Gebäude der ZK-Sonderschule der SED** am Gertrud-Piter-Platz wird Teil der Pädagogischen Hochschule Potsdam als Institut zur Weiterbildung ausländischer Deutschlehrer (jetzt Oberlandesgericht). Das ist die erste Hochschuleinrichtung in der Stadtgeschichte.

1979   **Die Stadt erreicht mit 95 568 Einwohnern den Höchststand** in der zweiten Hälfte des 20.Jahrhunderts.
Im Juni wird ein **Wohnheim für psychisch behinderte Rehabilitanden** im Neubaugebiet in der Fritz-Henschel-Straße eingeweiht. Es dient der Förderung der Selbständigkeit geistig Behinderter. Es ist das erste Mal in der DDR, daß ein derartiges Wohnheim direkt in einen Stadtteil eingegliedert wird. Beginn der Montage des Wohnblockes am Hauptbahnhof als Bestandteil der weiteren **Gestaltung des Bahnhofsvorplatzes.**
Im September beginnt die Herrichtung einer **Fußgängerzone in der Hauptstraße,** im Bereich zwischen Ecke Molkenmarkt und Kurstraße. Am 2. März 1981 wird mit dem zweiten Bauabschnitt begonnen. Im April wird die Hauptstraße, zwischen Kur- und Wollenweberstraße, als verkehrsarme Zone übergeben.
Der neugestaltete **Fritze- Bollmann-Brunnen** erhält hier seinen neuen Standort anstelle der alten Plazierung an der indessen ausgebrannten Badeanstalt am Grillendamm.(kurz vor dem 80. Todestag des weithin bekannten früheren Stadtoriginals Fritze Bollmann).
Eröffnung des Dommuseums.

1980 Im Januar werden 399 Objekte in die **Zentrale Denkmalliste der DDR** aufgenommen.

13. März: Das Orchester des Brandenburger Theaters gestaltet gemeinsam mit Brandenburger und Potsdamer Chören das 5. Sinfoniekonzert.

Auf dem Quenzgelände entsteht seit 1977 das **Elektrostahlwerk mit anschließender Kontinuierlicher Drahtstraße** (31. März 1981). Es ist das modernste Werk seiner Art in der DDR zu dieser Zeit. Die konzipierte jährliche Leistung beträgt 540 000 Tonnen Elektrostahl und 770 000t Walzdraht.

Am 20. Dezember 1983 erfolgt die Übergabe der **neuen Havelbrücke**; damit kann der Zentrumsring West den Kraftverkehr im Stadtzentrum entlasten. Der Anschluß zur **Westtangente** wird seiner Bestimmung übergeben. Die Steinstraße wird bereits vom Durchgangsverkehr entlastet.

Am 26. April wird der Befreiung der politischen Häftlinge am 27. April 1945 aus dem Zuchthaus Brandenburg-Görden mit einer **Großkundgebung mit** etwa 90 000 Teilnehmern gedacht. Für die Teilnahme des Staatsratsvorsitzenden **Erich Honecker** werden Fassaden alter Häuser am Protokollweg neu gestrichen. Am Vortag, dem 25. April, wird in diesem Zusammenhang im **Schloß Bagow** eine Erinnerungsstätte eingeweiht.

13. Mai: Etwa 5000 Brandenburger verabschieden auf dem Altstädtischen Bahnhof Soldaten der Sowjetarmee, die entsprechend einer durch die UdSSR verkündeten Initiative für Frieden und Abrüstung ihre Heimreise antreten.

Siegmund Jähn, erster Deutscher im Weltall, besucht am 17. Juni Brandenburg.

Olympisches Gold erringen in Moskau die Exbrandenburger Bernd und Jörg Landvoigt, Ilona Richter, Jörg Friedrich und Birgit Fischer.

1983 Am 10. April brennt der Dachstuhl der **Hubschrauber-Kaserne** in der Magdeburger Straße (ehem. Kürassierkaserne).

Das **Pionierhaus** in der Neustädtischen Heidestraße brennt aus (frühere Freimaurerloge, jetzt Caritas-Heim).

Bis 1983 sind in Brandenburg nach 1945 nahezu 18 000 **Wohnungen gebaut.**

1984 Im SWB wird die fünfzigmillionste Tonne Stahl produziert.

August: Die **Fußballmannschaft von Stahl Brandenburg** startet in die 1. Fußball-Oberligasaison.

April und September: Eröffnung der **Schulen Hohenstücken** VI (April) und VII. Fertigstellung der 10-Klassen-Schule in Wilhelmsdorf (September) mit Turnhalle und Sportplatz.

1985 Im Frühjahr werden der **Bahnhofsvorplatz und der Puschkinpark um die Nikolaikirche** umgestaltet. In der Stadtverordnetenversammlung im August wird **Kritik an den Umweltbelastungen**, besonders dem Straßenlärm, geübt.

Vom 30. September bis 15. Oktober finden die **1. Brandenburger Musiktage** statt. Dazu gehören die traditionelle Stunde der Musik im Klubhaus der Getriebewerke und u. a. ein Violinabend, Kinder spielen für Kinder im Haus der Freundschaft in der Bergstraße (Bismarck-Terrassen).

Die **Brandenburger Straßenbahn** verkehrt ab 23. November vom Hauptbahnhof nach Hohenstücken-Nord.

1986   Juni: Ein **Arbeitskreis Stadtgeschichte** wird im Rahmen des Kulturbundes gegründet. Die Mitglieder organisieren Vorträge, Veröffentlichungen, Diskussionsabende und Bauzustandsuntersuchungen im Rahmen von Stadtbegehungen. Das trägt maßgeblich zu einem beginnenden Prozeß der Umbewertung der historischen Stadt bei. Sein Einfluß auf die Stadterneuerungs- und Denkmalpflegepolitik bleibt relativ gering.

Am 30. Dezember erfolgt die Übergabe des **Jugendklubs** in der Karl-Miethe-Straße. Der Klub verfügt über 180 Plätze in zwei Etagen.

1986/87   An ältere und behinderte Bürger wird in der Karl-Korbitzki-Straße ein neuer Wohnblock übergeben. Das Haus (4,1 Mill. Mark) verfügt über 30 Zweiraum- und 22 Einraumwohnungen. Im Pflegebereich gibt es 20 Plätze (**Martha-Piter-Heim**).

1987   Im Dezember wird die **Rekonstruktion der Häuser in der Steinstraße 48-50 beendet**. Damit beginnen Bemühungen zur Sanierung der Innenstadt.

Eine **Demonstration** mit Transparenten und Friedenstauben zum Gedenken an Olaf Palme – organisiert von kirchlichen Kreisen - findet in Brandenburg statt.

1988   Februar: Mit der Übergabe der 72 Wohnungen in den neuen Würfelhäusern in der Helmut-Schinkel-Straße (in Hohenstücken) setzen die Bauleute einen **Schlußpunkt unter den Wohnungsbau** in diesem Stadtteil. Hier wohnen zu diesem Zeitpunkt etwa 30 000 Bürger. Damit ist das Wohnungsneubauprogramm im wesentlichen erfüllt.

Die Vereinbarung über die **Städtepartnerschaft Brandenburg - Kaiserslautern** wird am 11. Mai im Saal des Altstädtischen Rathauses von den Oberbürgermeistern Theo Vondono für Kaiserslautern und Klaus Mühe für Brandenburg unterzeichnet.

1989   Am 1. Mai erfolgen die **letzten Zuführungen zur Staatssicherheit**.

Am 25. September erfolgt die Ablehnung des Antrages zur offiziellen Zulassung des **Neuen Forums** für Brandenburg vom Rat des Bezirkes Potsdam.

Am 12. Oktober: Grundsteinlegung für die **neue Gördenbrücke**.

Am 19. Oktober findet ein Dialog zwischen dem 1. Sekretär des SED-Kreisleitung Mitzlaff und Bürgern der Stadt Brandenburg im Jugendklubhaus Philipp Müller statt.

Am 26. Oktober veröffentlichen Brandenburger Theaterschaffende eine Resolution.

30. Oktober: In der überfüllten Stahlhalle findet ein **Dialog zwischen Vertretern der örtlichen Machtorgane und 3100 Bürgern** statt.

An einer vom Neuen Forum am 12. November initiierten **Demonstration für einen lebenswerten Sozialismus** zum Neustädtischen Markt nehmen ca. 12 000 Brandenburger teil. Auf den mitgeführten Transparenten und Plakaten stehen folgende Forderungen: „Wir fordern Schluß mit der führenden Rolle der SED", „Ohne bewältigte Vergangenheit - keine Zukunft", „Reisefreiheit - mächtig gewaltig".

Am 30. November findet ein Gespräch zwischen dem Neuen Forum und der Staatssicherheit statt.

Das NEUE FORUM ruft alle Brandenburger auf, sich der Aktion Sühnezeichen anzuschließen und am 3. Dezember eine Lichterkette für die Republik und für eine demokratische Umgestaltung zu bilden.

Vertreter des NEUEN FORUMS und der SED begleiten am 11. Dezember Staatsanwalt Becker bei der Übernahme des versiegelten Gutes im Hause des Amtes für Nationale Sicherheit in Brandenburg.

Die SDP (SPD) konstituiert sich am 13. Dezember.

Am 19. Dezember tritt ein **Runder Tisch** mit Vertretern des Neuen Forums, der SPD und der DDR- Altparteien zusammen.

2 156 Brandenburger melden sich offiziell in die BRD ab.

Der Systemwechsel von der DDR in die BRD in Brandenburg/ Havel ab 1989/90, die Nachwendezeit bis zum Jahr 2000

1990   1990: Frühjahr 1990: Die Mitgliedschaft der **PDS-SED** geht von etwa 13 000 Mitgliedern auf etwa 2000 zurück. Obwohl bis Ende der 90er Jahre die Mitgliedschaft auf etwa 300 zurückgeht, bleibt die Partei doch die Mitgliederstärkste.

14. Februar: Das **alte Brandenburger Stadtwappen** wird auf Beschluß der Stadtverordnetenversammlung **wieder eingeführt.**

3. April: Mit Hilfe eines Preisausschreibens erhält das **Motorschiff Aktivist** den **neuen Namen Fritze Bollmann.** Zur Auswahl standen außerdem MS Havelschwan und MS Beetzsee.

4. April: Der **Runde Tisch** stellt seine Tätigkeit ein und damit den Versuch der Demokratie von unten.

6. Mai: **Kommunalwahlen.** Mit 40,5 % der Stimmen bildet die SPD die stärkste Fraktion.

21. .Mai: Der **neue Oberbürgermeister wird Dr. Helmut Schliesing.** Es wird eine große Koalition von SPD, CDU und FDP gebildet.

Am 1. Juli **Währungsunion:** Geldumtausch von DDR-Mark in D-Mark in 79 Umtauschstellen. Kurz darauf eröffnen die größten bundesdeutschen Banken Filialen – vorerst noch in Containern, wie an der Otto-Nuschke-Straße (Jakobstraße, Commerzbank) und an der Hammerstraße (Deutsche Bank).

Bis Ende des ersten Halbjahres werden etwa 4500 Berufstätige entlassen. **Erste Entlassungswelle.** Bis Jahresende erreicht die Arbeitslosigkeit 8,3 %.

3. Oktober: Die **Dienststelle der NVA Hohenstücken** (MSR-3/Mot.Schützen-Regiment 3) **wird von der Bundeswehr** (Panzergrenadierbataillon 421) **übernommen.**

Damit verbunden sind ein Austausch der Führungskräfte bzw. der meisten Offiziere und ein Uniformwechsel .

Ende 1990: Von Jahresbeginn an haben 6055 Einwohner die Stadt verlassen und ihren Wohnsitz in Westdeutschland gefunden.

Die Stadt wird zur **Modellstadt für Stadterneuerung** im Land Brandenburg erklärt.

1991   15. April: Der Turmknopf der St. Johanniskirche wird geöffnet. Datiert waren die gefundenen Dokumente mit dem 16. Oktober 1922. Am 29. April wurde der Turmknopf wieder aufgesetzt. Der Kirchturm von St. Gotthardt erhält Turmknopf und Kreuz am 30. Mai zurück. 1945 war die Laterne des Turmes bei den Kampfhandlungen abgeschossen worden, weil sich dort Artillerie-beobachter befunden hatten.

3. Juli: Der Ansiedlungsvertrag mit der **Heidelberger Druckmaschinen** AG wird unterzeichnet. Am 7. Mai 1992 findet die Grundsteinlegung für das Werk Brandenburg der Heidelberger Druckmaschinen AG statt. Das bereits entstandene Industriegelände nördlich vom Silokanal er-hält jetzt eine größere Fabrik.

22. Juli Das Getriebewerk Brandenburg wird durch die Treuhandverwaltung offiziell an die **Zahnradfabrik Friedrichshafen AG** übergeben.

1991 wird außerdem die Fortführung der Produktion für das Werk für **Gleisbaumechanik Kirchmöser** beschlossen.

12. September: Der Historische Verein wird wiedergegründet.

8. November: Kulturminister Hinrich Enderlein überreicht OB Helmut Schliesing die Grün-dungsurkunde der **Technischen Fachhochschule Brandenburg**.

1992   7. Februar: Baudezernent Herbert Zander gibt bekannt, daß die **Jahrtausendbrücke abgerissen** werden muß. Am 15. Juli 1993 können letztmalig Fahrzeuge die Jahrtausendbrücke passieren. Aus Sicherheitsgründen mußte die 1946/47 errichtete Brücke voll gesperrt werden. Einweihung des Brückenneubaus Dezember 1996.

1. März: Die Treuhand verkauft das **Elektrostahlwerk** (ESW) **an** den italienischen Stahlkonzern **RIVA.**

27. Mai: Göttin, (Alt-)Schmerzke und Mahlenzien werden eingemeindet. Die **Eingemeindung von Klein Kreutz** erfolgt am 28. April 1993

26. August: Die Stadtverordnetenversammlung beschließt die Verleihung der **Ehrenbürgerschaft an Friedrich-Karl Grasow.**

28. Oktober: Die Stadtverordnetenversammlung beschließt die **neuen Straßennamen.** Seit dem 1. Juli 1993 gelten diese neuen Straßennamen.

16. Dezember: Die Stadtverordnetenversammlung beschließt den **Zusatz "an der Havel" zu Brandenburg.**

1993   26. Mai: Die Stadtverordnetenversammlung beschließt die fakultative **Nutzung des historischen Namens "Chur- und Hauptstadt".** Gleichzeitig wird das **Stadtwappen von 1901** mit der Jahres-zahl 1715 wieder eingeführt.

13. Juni: Die **Freimaurer-Loge** Friedrich zur Tugend beginnt erneut ihre Tätigkeit in Branden-burg und führt in ihrem zukünftigen Domizil – dem Fontaneklub eine Lichteinbringung durch.

5. Juli: Die **Gardepionierbrigade der Westgruppe der GUS-Streitkräfte nimmt Abschied** von Brandenburg. Damit geht das annähernd 50 Hektar große Gelände in der Magdeburger Straße in den Besitz des Bundesvermögensamtes über.

Am 19. August werden die **letzten Soldaten der Westgruppe der GUS-Streitkräfte** aus unserer

Stadt **verabschiedet**. Durchschnittlich 6000 sowjetische Soldaten waren seit 1945 in Brandenburg stationiert.

17. August: Eine **Jugenddemonstration** von etwa 160 Jugendlichen legt den Verkehr in der Magdeburger Straße lahm. Es kommt zwischen ihnen und der Polizei zu tätlichen Auseinandersetzungen. Die Demonstration steht unter dem Motto „Beamtenburgen statt Jugendhäuser - Nein Danke".

20. August: Kulturminister Hinrich Enderlein nimmt am Richtfest für die zukünftige **Studiobühne des Brandenbuger Theaters** teil. Nach den Worten des Generalintendanten Ekkehardt Prophet soll sie nunmehr drei Monate früher als geplant, also bereits zum Spielzeitbeginn 1994/95, in Betrieb genommen werden. Am 11. Dezember 1992 war die Grundsteinlegung für die Studiobühne an der Grabenstraße. Eröffnung der Studiobühne: 20. Oktober 1994.

25. September: Anläßlich ihres Treffens in Brandenburg enthüllten Mitglieder der Schulgemeinschaft **Freunde der Saldria** am Salzhofufer einen **Gedenkstein** zur Erinnerung an die drei Oper des Luftangriffes vom 31. März 1945 (zwei Lehrer und ein Schüler).

27. Oktober: Auf der Spitze des **Steintorturms** wird ein Duplikat des kupfernen Adlers angebracht. In einer Kassette im Innern des Adlers befinden sich Zeitungsberichte, Münzen, ein Brief der Kunst- und Bauschlosserei Bernd Haberjoh, ein Museumsfaltblatt und ein DDR-Pfennig.

19. November: An der Ecke Steinstraße/St. Annenstraße wird durch Oberbürgermeister Dr. Schliesing der Grundstein für ein Büro- und Geschäftshaus gelegt.

 29.November: In einem Festakt im Saal des Altstädt. Rathauses erhält **Vicco von Bülow alias Loriot** seine Ehrenbürgerurkunde. Die Vico-von-Bülow-Stiftung war am 30. Dezember 1991 ins Leben gerufen worden.

30. November: Am Geranienweg wird der Grundstein für den **Wohnpark Görden** gelegt.

1. Dezember: **Sozialministerin Dr. Regine Hildebrandt** nimmt den symbolischen ersten Spatenstich für das zukünftige **Altenzentrum im Clara-Zetkin-Heim** für Brandenburg an der Havel vor.

Mit einem Festakt wird das **Brandenburgische Oberlandesgericht** in der Stadt Brandenburg gegründet. (1. 12.) Erster Präsident wird Dr. Peter Macke. Am 21. September 1992 hatte die Landesregierung die **Ansiedlung des Oberlandesgerichtes in Brandenburg beschlossen**. Nutzung des Gebäudes der ehemaligen ZK-Sonderschule am Gertrud-Piter-Platz.

4. Dezember: Kardinal Georg Sterzinsky weiht mit einem Festgottesdienst die St. Nikolaikirche ein.

13. Dezember: **letzter Abstich im Siemens-Martin-Stahlwerk**. Danach folgt die Umgestaltung des Unternehmens in einen SWB-Industrie- und Gewerbepark. Im März 1991 hatte die IG Metall noch für den Erhalt des Betriebes demonstriert.

1994 17. Januar: Für Aufregung sorgt das Konzept des Düsseldorfer Büros für Technologietransfer, das vorsieht, in den letzten fünf Siemens-Martin-Öfen Sondermüll zu verbrennen.

5. Februar: In der Göttiner Landstraße wird das **Hotel Mothes** feierlich eröffnet. Es ist der erste Hotelneubau nach der Wende in der Stadt Brandenburg an der Havel. Es hat 18 Zimmer und 32 Betten.

3. März: Der **Förderverein Stahlmuseum Brandenburg** an der Havel wird gegründet. Ziel des Vereins ist Entwicklung des Industriemuseums.

10. Mai: Im Brielower Parkhotel Seehof gründete sich der **Lions-Club Brandenburg**.

10. Juni: Richtfest am **Sorat-Hotel** am Altstädtischen Markt.

Am 3. Dezember 1992 war der Grundstein für das Hotel gelegt worden. Am 15. Dezember 1994 öffnet es seine Pforten.

2. Juli: Unter großer Anteilnahme der Brandenburger Öffentlichkeit wird am Johannesburger Anger der Grundstein für ein **SOS-Kinderdorf** gelegt. Am 24. Juni 1993 hatte die Stadtverordnetenversammlung dazu den Verkauf eines Geländes am Johannisburger Anger an das SOS-Kinderdorf beschlossen. Es wird die 14. Einrichtung dieser Art in Deutschland, im Wesentlichen finanziert von Horst Flakowski. Am 19. Mai 1995 ist das Richtfest für das SOS-Kinderdorf.

9. August: Ein neuer **Rastplatz für Wasserwanderer** in Form einer 50 Meter langen, erweiterungsfähigen Schwimmsteganlage wurde am Havelufer gegenüber dem Stadtbad freigegeben.

1. September: Nach nur 238 Arbeitstagen wird in der Jakobsstraße das **C&A-Kaufhaus** eröffnet.

1995   31. Januar: Im **SWB-Gewerbepark** wird das **Technologie-. Informations- und Gründerzentrum (TGZ)** gegründet.Das Richtfest ist am 20. Dezember 1996.

4. April: **Horst Flakowski** wird Ehrenbürger der Stadt. Nach Rückübertragung und Verkauf des aus Familienbesitz stammenden Kaufhauses stiftet er den Erlös für soziale Zwecke (s.o.)

Am 21. Mai findet das **1. Brandenburger Kraftfahrzeugveteranentreffen** mit 34 Oldtimern statt; darunter befinden sich einige historische Fahrzeuge vom Fabrikat Brennabor.

10. Juni: Der Kaufhauskonzern **Karstadt** schließt die Pforten seiner beiden Kaufhäuser in Brandenburg. Insbesondere die Schließung des Kaufhauses am Neust. Markt (ehem. HO-Magnet) ist ein herber Verlust für die Attraktivität der Innenstadt.

24. Juni: Ein Benefizball des Rotary-Klubs für den **Erhalt des Brandenburger Domes** erbringt einen Erlös von 40.000 Mark.

Der Förderverein Dom zu Brandenburg unter Ehrenvorsitz von Altbundespräsident Richard v. Weizsäcker - 1995 gegründet – bemüht sich um Unterstützung bei der Rettung des durch den Baugrund gefährdeten Domes.

7. September: Der **Plauer Kirchturm** erhält seine Wetterfahne und seinen Turmknopf zurück.

1. Dezember: Auf dem **Neustädt. Markt** beginnt die **Freilegung der Kelleranlage des Neust. Rathauses** mit nachfolgenden Untersuchungen. Diese währen etwa ein Jahr. Von Herbst 1996 an markiert das „**Brandenburger Loch**" das Antlitz der Innenstadt. Es wird deutschlandweit „berühmt".

Die Untersuchungen ergeben neue Erkenntnisse zur Entwicklungsgeschichte des Marktplatzes vom offenen Platz über Markthallen mit später eingebauten Buden bzw. Ständen im 17./18. Jahrhundert bis zu Häusern hinter dem Rathaus am Ausgang des 18. Jahrhunderts.

Die Volkshaus GmbH übernimmt wieder das **Klubhaus "Philipp Müller"**. Durch die IG Metall wird das Haus an eine Gesellschaft zur Immobilienverwaltung übergeben. Damit endet die Nutzung des Hauses als Jugendklubhaus. Über lange Jahre hin findet eine Restnutzung statt (durch das Theater, einige Vereine u.a.). Das Schicksal dieses traditionsreichen Bürgerhauses von 1835 bleibt ungewiß. Es stand bis 1990 auf der Denkmalliste der Stadt.

31. Dezember: Das **Druckhaus Brandenburg** stellt seine Produktion ein. Diese Einrichtung geht auf den **SPD-Parteiverlag Otto Sidow & Co.** von 1912 zurück.

1996 31. Januar: Die Stadtverordnetenversammlung votiert einstimmig für den Abriß des **Siemens-Martin-Ofens 12 im SWB**. Erst nach Intervention des Kulturministers Reiche gelingt der Erhalt dieses letzten SM-Ofens in West-Europa. Damit ist der Weg frei, ihn als technisches Denkmal museal zu nutzen.

6. Juni: Sprengung des letzten Schornsteines des SWB.

1. März: Die **Brieletta** GmbH meldet die Gesamtvollstreckung an. Am 29. März kauft ein italienischer Investor Brieletta.

8. März: Nach mehrwöchiger Schließung wegen finanzieller Schwierigkeiten öffnet der **Fontane-Klub** wieder seine Pforten. Im Verlaufe des Jahres 1996 muß der traditionsreiche **Brandenburger Kulturbund** im 50. Jahr seines Bestehens Gesamtvollstreckung anmelden und sich als Verein auflösen. Die Übernahme des Fontaneklubs durch die Kulturlabor GmbH war letztendlich das Ergebnis von Manipulationen im Zusammenspiel mit Funktionsträgern der Stadt. Die Kulturbundfachgruppen schließen sich dem landesweiten Brandenburgischen Kulturbund an. Sie dürfen weiterhin im Fontaneklub tätig sein. Das sind: die Arbeitsgemeinschaft Natur und Heimat, der Interessenkreis Militärgeschichte, der Arbeitskreis Stadtgeschichte und die Fachgruppe Havelländer Autoren.

22. Mai: Im Stadtteil **Görden** wird ein neues Einkaufszentrum eingeweiht.

31. Mai: In der Stadtbau GmbH wird die Arbeit eingestellt und der Betrieb aufgelöst.

29. Juni: Die **Marienberg-Brunnen** sprudeln nach mehrjähriger Pause wieder. Die metallenen Blumenkörper am Fuße des Marienbergaufganges waren durch eine Granitsteingruppierung ersetzt worden.

10. Juli: Die **Elisabethhütte** muß Konkurs anmelden. Am 19. November wird im Ratskeller das Inventar der Elisabethhütte versteigert.

31. Juli: Die Spar-Filialen in der Steinstraße schließen ihre Pforten.

Archäologen finden in der Büttelstraße eine der ältesten befestigten Straßen Brandenburgs. Sie stammt aus dem 13. Jahrhundert. Ähnliche Funde wurden in der letzten Zeit am Deutschen Dorf 36 gemacht, in der Steinstraße gegenüber der Neust. Heidestraße und in der Großen Münzenstraße. Dort war eine befestigte Straßenoberfläche gefunden worden, in den anderen Fällen Austrittsbefestigungen vor den Häusern. In den 90er Jahren fanden umfangreiche **Bodenuntersuchungen** in den 3 historischen Stadtkernen (Neustadt, Altstadt und Dom) statt, welche zu einem genaueren und z. T. veränderten **Bild von der Stadtentstehung Brandenburgs** führten.

3. August: In Brandenburg sendet erstmals der Fernsehsender "**Stadtkanal Brandenburg**". Er ist ein privater Sender in Form einer GmbH, an der u. a. die Brandenburger Firmen RFT (Kabelnetzbetreiber) und Trendbau beteiligt sind. Der Sendestart war der 15 September 1996.

3. September: In der Alten Potsdamer Straße öffnet das SB-Warenhaus *allkauf.*

6. September: Die mit 2,6 Millionen Mark rekonstruierte **Sportschleuse** wird wiedereröffnet.

9. September: Die "**Allianz für Brandenburg**" übergibt 7907 Unterschriften für die Abwahl des Oberbürgermeister Helmut Schliesing. Am 15. Dezember scheitert dieser Bürgerentscheid.

11. September: Richtfest für die 3,8 Millionen Mark teure Trauerhalle auf dem Gördenfriedhof. Am 8. April war die Grundsteinlegung

13. September: Richtfest für die **Minivillen Am Rehagen**.

26. September: Der "**Plauer Traditions-Club von Quitzow e.V.**" wird gegründet. Erster Vorsitzender ist Horst Przedwolski.

30. September: Mitglieder der **Bürgerinitiative Zukunft für Brandenburg** haben die Freie Wählergemeinschaft Unabhängige Brandenburger Bürger gegründet. Vorsitzender ist Hans-Jürgen Rettig.

4. Oktober: Eröffnung einer neuen Einrichtung der Volkssolidarität: Das **Haus der Begegnung** in der Jakobsstraße ist eine Schenkung durch den Ehrenbürger Horst Flakowski.

7. Oktober: Bildungsminister Steffen Reiche überreicht dem Fachhochschul-Rektor Prof. Helmut Schmidt die zum Hochschulgebäude im Rahmen der Konversion umgebaute **Kürassierkaserne**.

30. Oktober: Die Caritas feiert in der Neustädtischen Heidestraße ein **Richtfest für das Altenzentrum**. Es befindet sich im wiederhergestellten ehemaligen Haus der Jungen Pioniere bzw. der früheren Freimaurerloge. Die Loge Friedrich zur Tugend hatte als Eigentümerin das Objekt der Caritas überlassen. Am 17 Juli 1997 ist das Heim bezugsfertig.

4. Dezember: **Einweihung der neuen Jahrtausendbrücke**. Zeitgleich fahren die Traditions- und eine Niederflurstraßenbahn über das fertiggestellte Brückenbauwerk. Am 20. März legten Ministerpräsident Manfred Stolpe und Oberbürgermeister Helmut Schliesing den Grundstein.

20. Dezember: Richtfest für das Technologie- und Gründerzentrum.

1997 16. Januar: Die Polizei hebt am Sandfurtweg ein Bordell aus.

23. Januar: Die Diskothek Fun und das Tanzcafe Lollipop öffnen in Wust ihre Pforten. Drei Tage später bricht dort eine Schlägerei aus, und kurz danach wird die Polizeiwache gestürmt.

24. Januar: Gewerbetreibende gründen die City Werbegemeinschaft Brandenburg.

16. Februar: Ein **Gedenkmarsch** für den jugendlichen Punker Sven Beuter eskaliert in der Brandenburger Innenstadt zu einem Tumult. Sven Beuter war durch zwei Neonazis – die danach zu Freiheitsstrafen verurteilt wurden - brutal mißhandelt und erschlagen worden. Der offiziell angemeldete und zuerst ruhig verlaufene Gedenkzug wurde durch einige Steinewerfer gegen Polizei gestört.

17. Februar: Erster Spatenstich für **Kinder- und Jugend-Reha-Klinik am Gördenfriedhof**.

19. Februar: Intendant Michael Muhr tritt zurück. Er bekommt 90.000 Mark Abfindung. Mit seinem Namen verbindet sich der Beginn einer existenziellen **Krise des Theaters**.

22. Februar: In der Steinstraße wird das neuerrichtete **Kino Conzerthaus eröffnet**.

20. März: Die Broschüre "**Das Jahr 1945 in der Stadt Brandenburg**" mit dem Hauptbeitrag von Dr. Klaus Heß wird vom Arbeitskreis Stadtgeschichte im Brandenburgischen Kulturbund e. V. herausgegeben. Diese Publikation ist das Ergebnis der ersten Förderung dieser Fachgruppe durch die Robert Bosch Stiftung. Zwei weitere Förderungen folgen. In deren Ergebnis erscheint eine Schrift über das Jahr 1848 und eine Publikationsreihe zur Gesamtgeschichte der Stadt – so zum 20. Jahrhundert, eine Chronik über die über tausendjährige Geschichte, ein Nachschlagewerk über namhafte Brandenburger u. a. m.

6. März: In der Potsdamer Straße wird das **Urban-Bürgerbüro** eröffnet. Damit beginnt die von der EU geförderte Sanierung und **Umgestaltung der Bahnhofsvorstadt**.

19. April: Mit einem Festakt im Beisein von Ministerpräsident Manfred Stolpe wird die 1552 errichtete **Lateinschule am Gotthardtkirchplatz eingeweiht**. Die Sanierung dieses Denkmals erfolgte auf Initiative des Sonnensegel e. V. Dieser Verein, betreibt seit dem 13. Dezember 1989 (offiziell) unter der Leitung von Armin Schubert die Kinder- und Jugend-Kunst-Galerie Sonnensegel. Er bietet in diesem Haus schulische sowie außerschulische kulturelle und gemeinwesenorientierte Bildungsarbeit an.

27. April: Auf dem ehemaligen Gelände des Rates der Stadt (bis 1954: des Alten Zuchthauses) am Nikolaiplatz wird eine **Gedenkstätte für die Opfer der Euthanasie** eingeweiht.

Juni: **Die Stadt Brandenburg hat 83 700 Einwohner.**

22. August: Richtfest in der **Wohnanlage Sankt Annen**.

27. September: Große Straßenbahn-Parade anläßlich **100 Jahre Straßenbahn**.

17. Oktober: Der Geschäftsführer Joachim von Trützschler und Oberbürgermeister Dr. Helmut Schliesing beginnen symbolisch den **Theaterabriß**.

Das historische Haus aus dem 19. Jahrhundert – ursprünglich Schweizergarten, in der NS-Zeit Stadthalle, in der DDR-Zeit Stätte des Brandenburger Theater – muß einem Neubau weichen: dem Cultur und Congreß Center / CCC mit dem Theater der Stadt.

14. November: In Brandenburg Nord wird in einem ehemaligen Kindergarten in der GutsMuthsstraße die neue **Musikschule eröffnet**. Kosten: 1,5 Millionen Mark. Die alte Musikschule aus der DDR-Zeit, die Reichstein-Villa an der St. Annenbrücke, wird an die Alteigentümer zurückübertragen. Eine Weiternutzung durch die Stadt wird nicht erreicht.

11. Dezember: 1. Spatenstich für die **neue Entlastungsstraße auf dem Zentrumsring** durch Oberbürgermeister Schliesing.

12. Dezember: Der rekonstruierte **Jungfernsteig**, ein 800.000 Mark teures Urban-Projekt, wird übergeben.

13. Dezember: Mit einem Weihnachtskonzert in der St. Gotthardtkirche nimmt der **Post-Chor** nach 47 Jahren Abschied von seinem Publikum.

Im Wichernhaus gründet sich der "**Christliche Verein Junger Menschen**".

Dezember: Am Grillendamm wird in der ehem **Tiede-Villa** der Sitz der Rechtsanwaltskammer des Landes eingerichtet.

1998 23. Januar: Der **Stadtbibliothek** wird der Name Friedrich de la Motte Fouque verliehen.

8. März: Mit einer Lesung Loriots wird die **restaurierte Ritterakademie** eingeweiht.

Die Deutsche Stiftung Denkmalsschutz finanzierte die Restaurierung mit 600 000 Mark.

15. April: Der Historische Verein feiert den **75. Geburtstag des Heimatmuseums**.

18. Mai: Die in der Bevölkerung beliebte **Großbäckerei Havelback** GmbH in der Grünen Aue geht trotz florierendes Geschäftes nach dem Verkauf des Betriebes durch die Treuhand an einen privaten Investor in die Gesamtvollstreckung.

21. Mai: Am St. Paulikloster eröffnet Bildungsminister Reiche die **Feiern zum 1050jährigen Jubiläum der urkundlichen Ersterwähnung Brandenburgs**.

Auf einem Kolloquium am 3. Oktober bezweifelt Prof. Helmut Assing die Echtheit des Datums auf der im Domarchiv befindlichen Urkunde von Kaiser Otto I. zur Gründung des

Bistums Brandenburg von 948. Er nimmt als Gründungsjahr 965 an.

Am 4. Oktober findet im Dom ein Festgottesdienst zum Jahrestag der Gründung des Bistums statt.

22. Mai: In der Altstadt wird das **erste Rolandfest** eröffnet.

06. Juni: Die Stadt kündigt den Pachtvertrag für das **Altstädtische Rathaus**. Damit beginnt für lange Zeit der Leerstand dieses Baudenkmals aus dem 15. Jahrhundert und der Ausfall des Hauses für kulturelle, kommunalpolitische und touristische Zwecke.

29. Juni: Grundsteinlegung für das Kultur- und Kongreßzentrum anstelle des alten Theatergebäudes durch Minister Steffen Reiche.

24. Juli: **Fischerjacobi in Plaue** – ein altes Traditionsfest der Plauer Fischer.

Die Neubelebung dieser Tradition mit dem 1. Fischerjakobi 1997 hatte sich als außergewöhnlich erfolgreich erwiesen. Nunmehr wird das jährliche Fest zu einem Magnet vieler Besucher von Nah und Fern.

17. August: Im ehemaligen **Haus der Offiziere der Sowjetarmee** in der Magdeburger Straße beginnen die Ausbauarbeiten zu einem Jugendklub, genutzt durch den Verein Jukufa.

Am 16. Februar war Oberbürgermeister Schliesing wegen seiner Infragestellung dieses Projektes von Jugendlichen mit Plakaten und Pferdemist belästigt worden.

22. August: Die sanierte **Wredowschule** wird wiedereingeweiht. Damit ist die erneute Nutzung des Hauses für künstlerische Ausbildung möglich. Auch die Volkshochschule findet hier ihr Domizil.

26. August: Der Ansiedlungsvertrag zwischen der Investorenfirma Rosco und der Stadt zur **Gestaltung des Neustädtischen Marktes** wird besiegelt. Mit diesem Vertrag beginnt ein jahrelanges und zähes Ringen um seine Umsetzung im Sinne der Bürgerschaft.

27. August: **Bundeskanzler Kohl** spricht zum Wahlkampft auf dem Altstädtischen Markt. Er wird mit Protestbekundungen konfrontiert.

5. September: Das **Landesfest Brandenburg-Tag´98** wird das bisher größte in der Stadt Brandenburg gefeierte Volksfest. Die Zahl der Besucher soll nach amtlichen Schätzungen die halbe Million erreicht haben.

21. September: Die **neue Umgehungsstraße "Am Güterbahnhof"** wird für den Verkehr freigegeben.

Die Strecke von 900 Metern kostet etwa acht Millionen Mark. Am 22. Juni war bereits die erneuerte Havelbrücke dem Verkehr übergeben worden (Kosten: 5,5 Mio. DM)

Ab dem 14. Dezember ist der Zentrumsring nach fast 20 Jahren vierspurig befahrbar.

27. September: Die SPD erhält bei der **Kommunalwahl** 7,7 Prozent mehr Stimmen als 1990.

29. Januar: **Streik bei der Heidelberger Druckmaschinen AG**.

24. Februar: 300 Klinikum-Mitarbeiter demonstrieren gegen Privatisierungspläne.

20. April: Gründung des **Wassertourismus-Förderverband Brandenburg**. Vorsitz: Hartmut Unruh.

30. April: Grundsteinlegung für einen Neubau des **Industriemuseums des SWB**.

Unter der Leitung von Dr. Sieglinde v. Treskow entwickelt sich das Industriemuseum zu einem weithin beachteten Museum unserer Stadt. In der Folgezeit wird über die Geschichte der Bran-

1999 denburger Stahlindustrie hinaus mit einer Brennaborausstellung die Industriegeschichte der Stadt avisiert. Am 1. Mai 2000 wird der Ausstellungsbau im Industriemuseum feierlich übergeben.

8. Mai: Mit etwa 4000 Besuchern erreichen die seit 1990 gestalteten **Flug- und Freizeittage auf dem Mötzower Flugplatz** einen Rekord.

11. Mai: Baubeginn der neuen **Eisenbahnbrücke über den Silokanal.** Unweit der Eisenbahnbrücke wird am 3. Juni am ehemaligen SM-Stahlwerk der neue Hafen und Recyclingpark eingeweiht.

12. Juni: Mit 700 Besuchern werden im **Dom** nach längerer Pause die Sommerkonzerte eröffnet. Am 30. Mai war die restaurierte **Wagner-Orgel im Dom** wieder eingeweiht worden.

16. Juni: Richtfest für das 26 Millionen DM teure **Kultur- und Kongreßzentrum (CCC).** Am 13. Juni hatte die Sparte Schauspiel des **Brandenburger Theaters** ihre letzte Veranstaltung. Am 16. Juni 2000 wird das Haus eingeweiht.

25. Juni: Richtfest im **Marienbad** anstelle des bisherigen Volksbades.

4. Juli: Der **Volkschor Brandenburg** begeht mit dem Oberbürgermeister als Gast in der Studiobühne des Theaters sein 125jähriges Jubiläum. Dieser Gemischte Chor ist damit der älteste kulturelle Verein der Stadt mit einer ununterbrochenen traditionsreichen Vereinsgeschichte. Der ebenfalls traditionsreiche Musik- und **Gesangverein Harmonie** – ein Männerchor mit Volksinstrumentenorchester – hatte 1994 sein 100jähriges Bestehen gefeiert.

12. September: Mit dem Denkmaltag beginnt die **Sanierung des Syndikatshauses** – ein Renaissance-Giebelhaus neben dem Altstädt. Rathaus.

29. Oktober: Verkauf der Grundstücke des ehem Neustädt. Rathauses und des Eckhauses St. Annenstraße/Neust. Markt (Astler-Scheibe) an die **Investorenfirma Rosco.**

13. November: Die **Steinstraße** wird nach ihrer **Sanierung** wieder für den Verkehr freigegeben. Archäologische Befunde ergaben, daß im Gegensatz zu anderen Stadttoren das Steintor aus Feldsteinen gebaut war, weshalb im Unterschied zu früheren Deutungen davon die Steinstraße ihren Namen bekam.

26. November: Die Enthüllung einer **Gedenktafel des Vereins Freunde der Saldria** in der Aula der Saldria Franz-Ziegler-Straße zum Gedenken der Kriegstoten der Schule im II. Weltkrieg entwickelt sich zum Skandal. Sowohl die militaristische Symbolik als auch die zweideutige Wortwahl und das Ignorieren jüdischer Opfer des NS-Regimes, welche die Saldria besucht hatten, provoziert große Teile der Schülerschaft und der Bürgerschaft. Am 30. November beschließt die Schulkonferenz, diese Tafel außerhalb der Öffentlichkeit zu deponieren.

16. Dezember: **Abrißbeginn des Schlachthofes.**

2000 5. Januar: Die Stadt übergibt dem Verein Jukufa den Schlüssel für das **Jugendklubhaus HdO** (Haus der Offiziere).

28. Januar: Das **Stadtbad** – ein denkmalgeschützter Sozialbau im Bauhausstil von 1930 wird geschlossen.

18. Februar: Die sanierte **Kleine Gartenstraße** wird übergeben – ein Teilabschnitt des Urban-Programms zur Sanierung der Bahnhofsvorstadt.

1. März: **Eröffnung des Marienbades.** Am 11. Juli wird bekannt, dass das Marienbad nicht 28,7, sondern 34 Mill. DM gekostet hat.

2000 9. März: Archäologen entdecken in **Mühlentorstraße 16** Reste des mittelalterlichen Heiligengeist-Spital-Friedhofs. Am 20. Januar war bei **Ausgrabungen Steinstraße 39** (Ecke Neust. Heidetraße) der Friedhof des Heiligengeist-Spitals der Neustadt entdeckt worden.

23. Mai: Die **neue Eisenbahnbrücke über dem Silokanal** wird eingeweiht.

19. Juli: Die **Rochow-Schule** schließt ihre Pforten.

21. Juli: Erster Spatenstich für die **Plauer Ortsumgehung**.

Am 19. September wird im Rahmen der Vorbereitung dieses Straßenbaus ein etwa 3000 Jahre altes Fürstengrab in der **Plauer Wasserwerkstraße** freigelegt.

31. Juli: Die **Luckenberger Brücke** wird abgerissen.

9. Dezember: Mit etwa 40.000 Schaulustigen bei der **2. Weihnachtsmann-Parade** wird diese Show-Veranstaltung amerikanischer Tradition eine über Brandenburg hinaus beachtete Massenattraktion.

In den letzten 10 Jahren sind in Brandenburg 585 denkmalgeschützte Altbauten saniert bzw, restauriert worden.

31. Dezember: Die Brandenburger begehen festlich das **Ende des Jahrhunderts – auch des Jahrtausends** – in der Hoffnung auf ein nun beginnendes friedlicheres Zeitalter.

Zum Jahresende 2000 hatte die Stadt Brandenburg 77.697 Einwohner

Quellen und Literatur

Otto Tschirch, Geschichte der Chur- und Hauptstadt Brandenburg a. d. Havel, Brandenburg 1928

Tageszeitungen: *Brandenburger Anzeiger, Brandenburger Zeitung, Märkische Volksstimme, Märkische Allgemeine*

Vera Langnickel, Chronik der Stadt Brandenburg (Havel), 9 Teile von 1945 bis 1972, Hsg. Brandenburger Stadtarchiv

Stahl und Brennabor, Hrsg. von Gerd Heinrich, Klaus Heß, Winfried Schich, Wolfgang Schößler, Potsdam 1998, besonders die Beiträge von Frank Brekow, Klaus Heß und Katharina Kreschel

Ingo Materna/Wolfgang Ribbe, Geschichte in Daten BRANDENBURG, München, Berlin 1995

Vom **Arbeitskreis Stadtgeschichte e. V. im Brandenburgischen Kulturbund** herausgegebene Schriften:
Die Zeitschrift des Arbeitskreises „HEIMATKUNDLICHE BLÄTTER", links zwei reguläre Ausgaben. Im Jahr erscheinen zwei bis drei Hefte.
In unregelmäßiger Folge widmen sich Sonderhefte besonderen Themen, wie die oben rechts abgebildeten Ausgaben über „**Brandenburg (Havel) 1848**" oder die „**Klein Kreutzer Gutsgeschichte**".

Bereits in dritter Auflage erschien 2001 die Broschüre „**Das Jahr 1945**", eine Anthologie mit Darstellungen, Tagebuchaufzeichnungen und Lebenserinnerungen an das Ende des Zweiten Weltkrieges in der Stadt Brandenburg.

Diese reich bebilderte Chronik des 20. Jahrhunderts schildert kenntnisreich zeitgeschichtliche Strömungen und Ereignisse eines Jahrhunderts voller Dramatik, die auch Brandenburg erfaßte.

Die Broschüre „**45 namhafte Brandenburger**" stellt unterschiedliche Persönlichkeiten vor, die aus Brandenburg stammen oder dort gewirkt haben. Unter ihnen sind Politiker, Fabrikanten und Wissenschaftler, aber auch Täter im Dienste der Nationalsozialistischen Ideologie und Menschen des Widerstandes.

Kontakte und Bezugsquellen:
Arbeitskreis Stadtgeschichte e. V. im Brandenburgischen Kulturbund
Tel. 03381/30 2058

Museum der Stadt Brandenburg
Ritterstraße 69
14770 Brandenburg

oder im örtlichen Buchhandel, der Touristen-Information und dem Ostalgiemuseum.

RUNDGANG DURC
DIE TAUSENDJÄHR

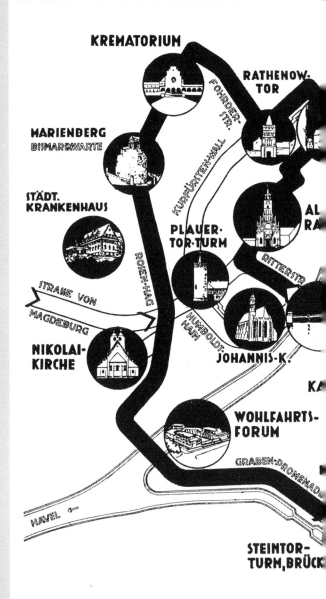

RUNDGANG: 1½ Std.

ÜBER DOM UND GRILLENDAMM: 45 Min.

ERHALTENE STADTMAUERN:

MASSTAB: 100 : 200 METER

ENTWURF UND ZEICHNUNG: STADTBAUAMT-BRANDENBURG/HA

Thur und Marck Brandenburg.

alt Stadt   St. Marien